汽车从业零基础上岗指导丛书

零基础学汽车美容装饰

第2版

LINGJICHU CONGSHU

◎ 李昌凤 主编

机械工业出版社
CHINA MACHINE PRESS

本书主要内容包括汽车美容基本知识、汽车美容设备与工具、汽车美容护理用品、汽车外部美容、汽车内部美容、汽车车身漆面美容、汽车车身装饰、汽车车内装饰、汽车改装、车身电器的安装，共10章47项内容，是一本全面介绍汽车美容装饰基础知识和施工流程操作的图书。全书分项目讲授基础知识点，并且针对每个施工操作项目，以科学的流程步骤和实际施工现场照片逐一讲解，典型项目还增加了二维码视频，便于读者学习。本书适合广大汽车美容装饰技师及汽车美容爱好者自学，同时也可作为汽车服务店人员技术培训的指导用书。

图书在版编目（CIP）数据

零基础学汽车美容装饰/李昌凤主编.—2版.—北京：机械工业出版社，2017.10
（汽车从业零基础上岗指导丛书）
ISBN 978-7-111-57652-5

Ⅰ.①零…　Ⅱ.①李…　Ⅲ.①汽车－车辆保养　Ⅳ.①U472.2

中国版本图书馆CIP数据核字（2017）第190524号

机械工业出版社（北京市百万庄大街22号　邮政编码100037）
策划编辑：杜凡如　孟　阳　　责任编辑：谢　元　杜凡如
责任校对：朱继文　　封面设计：张　静
责任印制：李　飞
北京新华印刷有限公司印刷
2017年10月第2版第1次印刷
184mm×260mm・11.5印张・221千字
0001—3000册
标准书号：ISBN 978-7-111-57652-5
定价：59.90元

凡购本书，如有缺页、倒页、脱页，由本社发行部调换

电话服务　　网络服务
服务咨询热线：010-88361066　　机 工 官 网：www.cmpbook.com
读者购书热线：010-68326294　　机 工 官 博：weibo.com/cmp1952
010-88379203　　金 书 网：www.golden-book.com
封面无防伪标均为盗版　　教育服务网：www.cmpedu.com

前　言

随着汽车保有量的猛增，汽车养护美容业快速发展，形成了一批以美容装饰项目为主的新型养护美容企业。为了适应日益发展的汽车后市场需求，我们编写了《零基础学汽车美容装饰》这本书来满足广大从事汽车美容装饰人员的学习需要。

本书主要内容包括汽车美容基本知识、汽车美容设备与工具、汽车美容护理用品、汽车外部美容、汽车内部美容、汽车车身漆面美容、汽车车身装饰、汽车车内装饰、汽车改装、车身电器的安装，共 10 章 47 项内容，是一本全面介绍汽车美容装饰基础知识和施工流程操作的图书。全书分项目讲授基础知识点，重视培养动手能力，针对每个施工操作项目，以科学的流程步骤和实际施工现场照片逐一讲解，典型项目还增加了二维码视频便于读者及学员阅读。

本书从实际应用出发，层次分明、条理清晰、内容翔实、图文结合、易学实用，适合广大汽车美容装饰技师及汽车美容爱好者自学，同时也可作为汽车服务店人员技术培训的指导用书。

本书由李昌凤任主编，参加编写的人员还有李富强、李素红、朱其福。在本书编写过程中，得到了许多汽车美容装饰企业以及广大技师朋友的大力支持和协助，并参阅了大量的相关资料，在此表示诚挚的感谢！

由于编者水平有限，书中难免有不足之处，恳请广大读者批评指正，以便再版时补充完善。

编　者

目　录

前　言

第一章 汽车美容基本知识 /1

第二章 汽车美容设备与工具 /8

目　录

第三章

汽车美容护理用品

目 录

第四章
汽车外部美容
/41

目　录

目 录

目 录

目 录

第九章
汽车改装
/125

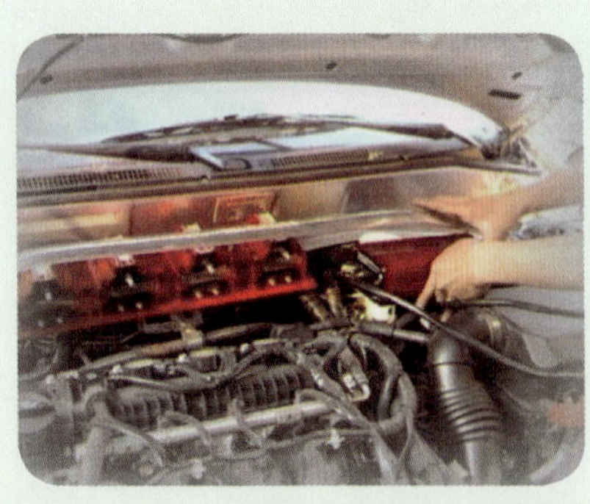

目　录

1

第一章

汽车美容基本知识

项目一 汽车美容概述

一、汽车美容常识

学习提示

汽车美容是指针对汽车各部位不同材质所需的保养条件采用不同性质的汽车美容护理用品及施工工艺，对汽车进行全新的保养护理。

汽车美容主要包括车身贴膜、车身美容、车内部美容、漆面美容、汽车防护、汽车精品等内容。	
1. 车身贴膜	车身贴膜服务项目包括前风窗玻璃、后风窗玻璃、侧窗玻璃贴膜。通常使用绿色、天蓝色、灰色、棕色、自然色等防爆隔热膜。
2. 车身美容	车身美容服务项目包括洗车，去除沥青、焦油等污物，打蜡增艳，漆面处理与钢圈、轮胎、保险杠翻新及底盘防腐涂胶处理等。
3. 车内部美容	车内部美容服务项目可分为车室美容、发动机美容等车辆内部美容项目。其中车室美容包括仪表台、顶篷、地毯、脚垫、座椅、座套、车门内饰的吸尘清洁保护，以及蒸汽杀菌、冷暖风口除臭、室内空气净化等项目。发动机美容包括发动机冲洗清洁、喷上光保护剂、做翻新处理、三滤清洁等项目。
4. 漆面美容	漆面美容服务项目可分为氧化膜、飞漆、酸雨处理，漆面深浅划痕处理，漆面部分板面破损处理及整车喷漆。
5. 汽车防护	汽车防护服务项目包括安装防盗器、倒车雷达、全球卫星定位系统、汽车语音报警装置等先进的电子防护产品。
6. 汽车精品	汽车精品服务项目包括车用香水、脚垫、地板胶、座垫、座套、头枕套等。

二、普通汽车美容与专业汽车美容的区别

1. 普通汽车美容	普通汽车美容作为日常必需的美容护理项目，主要以使用美容设备和护理用品来清洁上光为主，包括清洗操作、打蜡操作、上光等工序。
2. 专业汽车美容	专业汽车美容主要是使用美容设备和各种护理用品，经过几十道工序，对车身、车室（对地毯、皮革、丝绒、仪表、音响、顶篷、出风口、变速器进行高压洗尘、吸尘、上光）、发动机（免拆清洗）、钢圈轮胎、底盘、保险杠、油电路等进行处理，且对较深划痕或局部创伤进行特殊快速修复。 专业汽车美容有其显著的特点，概括起来就是更安全、更彻底、更靓丽。

（续）

<table>
<tr><td rowspan="4">2. 专业汽车美容</td><td colspan="2">学习提示
专业汽车美容由经过专业培训的美容技师使用专业优质的养护产品，针对汽车各部位材质特点按严格的操作程序进行有针对性的细致的维护，使汽车外观光亮如新，漆面光亮保持长久，有效延长汽车漆面寿命。与普通汽车美容相比，专业汽车美容具有系统性、规范性和专业性等特点。</td></tr>
<tr><td>（1）系统性</td><td>系统性就是对汽车从车身表面到车身内部进行全面细致的清洁和保养。</td></tr>
<tr><td>（2）规范性</td><td>规范性就是对汽车美容操作的每一道工序都按照规范的工艺、规范的标准来完成。</td></tr>
<tr><td>（3）专业性</td><td>专业性就是严格按照工序要求采用专业的美容设备和工具、专业美容护理用品和专业手段进行操作。</td></tr>
</table>

三、汽车美容注意事项

1. 禁止用洗衣粉、洗洁精洗车	当使用洗衣粉、洗洁精洗车时，会导致车漆失去光泽、哑色、干裂、生锈等。正确的是应使用专用的水晶洁亮液或洗车液洗车。
2. 及时清洁汽车沾上的污垢	汽车行驶或停放过程中会沾上各种腐蚀性污垢，如水泥、油脂、黏液、沥青、树叶、昆虫等形成顽固污渍，继而易使漆面暗淡无光、漆质氧化，缩短车漆寿命。
3. 汽车内部要清洁保养	车室部分平时受外界灰尘、泥沙、吸烟、乘客汗渍及空调循环等不良因素的影响，致使车室内空气受污染，进而滋生细菌，甚至产生难闻杂味，使丝绒发霉、真皮老化，既影响车主身心健康，又不利于驾驶心情。因此，每三个月应做一次全套室内专业护理，洗车时应常吸尘。

项目二　汽车美容服务礼仪

一、个人礼仪

（1）发型要朴实大方，不染发，不留长指甲，勤洗澡，勤换衣服，保持个人整洁。

（2）站姿要笔直，坐姿要端正，走姿要轻快，手势要得体、自然。

（3）穿着、打扮要得体，要保持协调一致。

（4）态度要诚恳、亲切；声音大小要适宜，语调要平和沉稳；尊重他人；养成使用敬语的习惯。

（5）递物时须用双手，表示对对方的尊重。如递交名片时，应用双手恭敬地递上，且名片的正面应向着对方；在接受他人名片时，也应恭敬地双手捧接。接过名片后，要仔细看一遍或有意识地看一下名片的内容，不要接过名片后看都不看就塞入口袋或者到处乱丢。

二、待客礼仪

（1）有客户来临，负责接待的人员应主动出去热情问候，表示欢迎，然后将客户领进接待室。

（2）接待客户应主动、热情、大方、一视同仁、微笑服务，同时对客户咨询的问题要认真听取，然后客气地回答。

（3）客户要求见负责人时要陪同引导，介绍时要注意措辞，同时应用手示意，但不要用手指指着对方。

三、电话礼仪

（1）听到电话铃响，拿起电话首先自报店名，然后再询问对方来电的意图等。

（2）电话交流时要认真理解对方意图，并对对方的谈话内容做必要的回答，不可敷衍，以示对对方的积极反馈。

（3）应备有电话记录本，重要的电话要做记录。

（4）电话内容讲完，应等对方结束谈话再以“再见”作为结束语。对方放下话筒之后，自己再轻轻放下，以示对对方的尊重。

（5）打电话时要保持良好的心情，因为面部表情变化会影响到声音，所以即使在电话中，也要抱着“对方看着我”的心态热情倾听并帮助顾客及时解决问题。

四、接车礼仪

（1）车主进店时，接车人员应主动迎接，并用规范的手势将车辆导入停车位。

（2）车停稳后，可为车主打开车门，详细询问美容或装饰的项目，并熟练报出价格。也可根据实际情况，向车主推荐其他服务项目，当车主表示不接受时，不得强求。

（3）对车主的车辆进行保护，清点好车内物品，并建议车主将贵重物品取出。

（4）与车主一同验收车辆外观。

（5）将车主带入客户休息室。

五、交车礼仪

（1）交车时，主动向车主介绍汽车美容的效果，如打蜡后可防止紫外线照射等，并提醒车主何时再来打蜡。

（2）向车主介绍日常护理知识。

（3）送别车主时，应站立在车后的适当位置，用手势将车辆导出停车位，当车主要离开时，应挥手致意。

项目三　安全防护

一、防火安全注意事项

（1）作业场地和车间要符合消防安全技术要求。

（2）安全通道要保持畅通无阻。

（3）配备齐全消防灭火用品。

（4）金属设备都应可靠接地，防止静电积聚和静电放电。

（5）车间内要严禁烟火。在安装和维修设备需要用明火时，应采用防火预案，在确保安全的情况下方可使用。

（6）现场的涂料、溶剂等材料不宜存储过多，以够用为宜。

（7）擦过溶剂和涂料的棉纱、棉布等应放在专用的带盖铁箱中，并及时清理。

（8）严禁向下水道排放易燃溶剂和涂料，否则不仅容易导致爆炸，还会严重污染环境。

二、灭火器的使用和保养

1. 灭火器日常检查

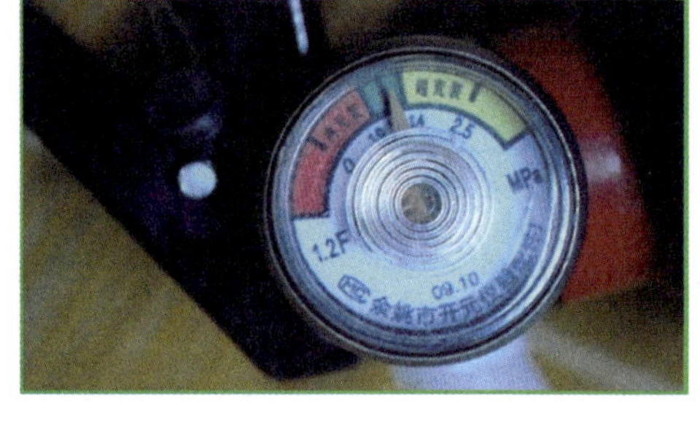

（1）检查灭火器压力表指针是否在工作区域（绿色范围）内。

（2）检查各连接处，主要是阀门与瓶体的连接处、压力表与阀门的连接处、喷管和喷嘴与阀门的连接处是否牢固可靠。

（3）灭火器筒体是否有锈蚀、变形，铭牌是否完整清晰。

（4）灭火器的喷嘴是否变形或堵塞。

（5）推车式灭火器的喷枪和软管有无堵塞，软管是否有损伤或开裂，车轮转动是否灵活。

2. 灭火器的使用方法及注意事项

（1）发现火情时，迅速将灭火器移至现场，占据火焰上风向位置。不同类型的灭火器，具体使用方式有所差异。

1）手提式干粉灭火器使用前须将灭火器颠倒几下，目的是防止久存的灭火药剂沉淀、板结，影响灭火效果。然后将喷嘴对准火焰根部，按下压把扫射。

2）手提式二氧化碳灭火器使用前不需要上下颠倒，其他方法与手提式干粉灭火器相同。

3）推车式干粉灭火器使用前须将车前架落地直起两次。两人操作，一人放开软管，

将喷枪对准火焰根部；另一人打开灭火器阀门，再由前一人打开喷枪阀门扫射。

4）干粉灭火器可以应对固体、液体和气体火灾，非到不得已的时候，不用来应对电器火灾。干粉灭火器虽然能够扑灭电器火焰，同时也会使电器报废。应对电器火灾主要使用二氧化碳灭火器。

（2）扑灭油类火灾时，不可将灭火剂直喷油面，谨防油液溅出，火情扩大。

（3）在火焰完全扑灭之前，不能关闭灭火器阀门。

（4）灭火器一经开启，无论灭火剂耗用了多少，都必须再次充装。即使未经使用且压力正常（压力表指针还在绿色范围内），满 5 年以后每隔 2 年，都必须送回原生产厂家或消防监督部门认可的专业维修部门进行水压试验后再次充装。

三、个人安全防护

（1）使用压缩风枪清理车门侧柱或其他不易够到的地方，必须戴护目镜和防尘面具。

（2）喷涂底漆或面漆时，整个操作过程都应穿戴工作服、橡胶手套、安全鞋以及防毒面具或头罩。

（3）机械打磨抛光时，应该戴护目镜保护眼睛，戴头罩保护头发，戴防尘面具以防吸入粉尘或有害微粒。此外，在抛光过程中还应防止高速旋转的抛光机磨头损坏，并确保接地线良好。

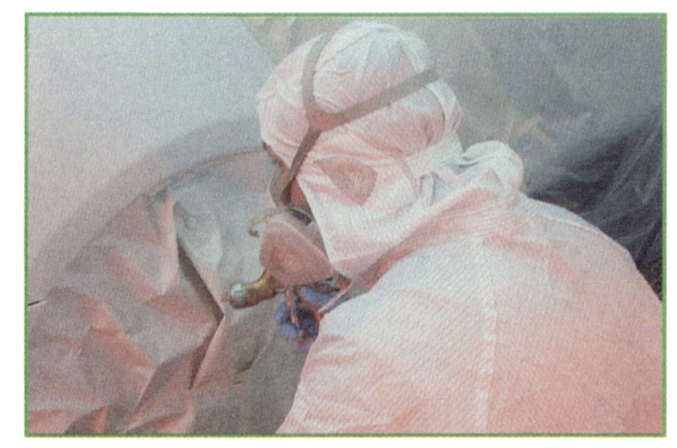

（4）按照使用说明书使用美容产品，若不小心将有机溶剂溅到皮肤上或眼睛里，应立即用自来水反复冲洗，然后再考虑是否到医院就诊。

四、使用工具的安全防护

（1）在使用电动工具的车间要安装漏电保护装置，因为汽车美容作业环境较为潮湿，操作人员和使用的电动工具经常处于潮湿状态，导致绝缘系数降低，加大了操作人员触电的危险。

（2）在作业中需要使用延接线插座时，应以使其长度合适为宜。电线太长或规格不符合都会降低工作电压，造成延接负载过大，有可能损坏电动工具。

2

第二章

汽车美容设备与工具

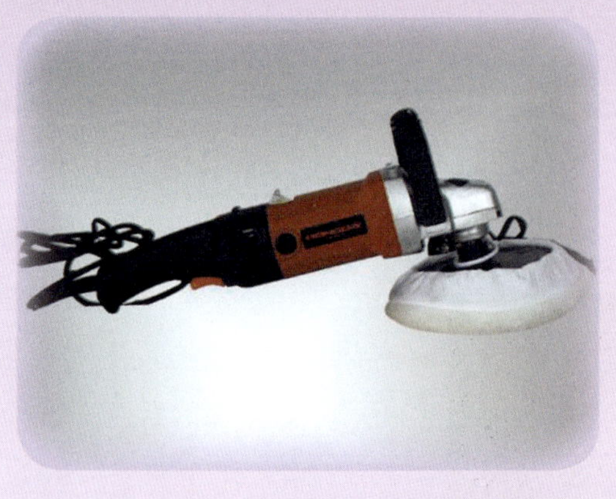

项目四 汽车美容常用设备与工具

一、汽车美容常用设备

1 空气压缩机

知识链接

空气压缩机的操作方法：

（1）运行开始前的准备工作。

1）检查确认各部位的阀门是否在正确位置。

2）检查所有防护装置和安全附件是否处于完好状态。

3）检查润滑油液面高度是否符合标准。

4）检查电压、电流是否正常。

（2）开机操作。

按下空气压缩机“起动”按钮，此时应注意听空气压缩机的声音是否正常；观察空气压缩机压力表的上升情况、空气压缩机润滑油的观察孔是否上油、空气压缩机的安全阀和储气罐的安全阀工作是否正常等。若发现异常应立即停机检查；若无异常，此时应慢慢打开空气压缩机的进气阀使其正常工作。

（3）关机操作。

1）关闭空气压缩机的进气阀。

2）按“停止”按钮停机。

3）打开储气罐的卸压阀放出各级冷却器和储气罐内的油、水和气，当存水放尽后关闭储气罐的卸压阀方可离去。

1. 作用	空气压缩机在汽车美容护理方面主要用于提供充足的达到预定压力值的高压压缩空气源，以确保汽车美容护理作业车间所有的气动设备都能有效地工作。	
2. 类型	空气压缩机分为单级式和双级式两种，主要性能指标为空气压力、每分钟的压缩空气量和消耗功率。	
	（1）单级式	单级式空气压缩机输出的压力一般为 0.7 ~ 0.8MPa。

（续）

2. 类型	（2）双级式	双级式空气压缩机输出压力提高到 1 ～ 3MPa。 学习提示 用作汽车美容作业的空气压缩机，一般选用压力 1.0~1.2MPa，供气量 0.11~0.22m³/min，功率消耗 1.5~2.0kW 便可。

2 高压清洗机

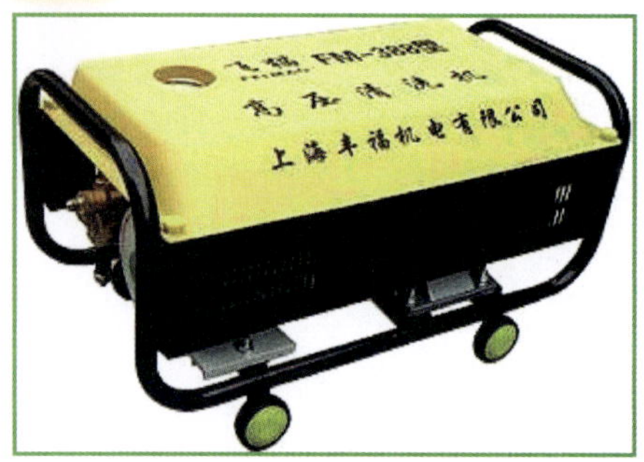

知识链接

（1）开机前检查清洗机各部位螺钉、螺母是否有松动的现象。

（2）检查管接头和高压胶管是否有破损，如有损伤应立即更换。

（3）连接进水管，将进水胶管套在泵体的进水口接头上，然后套上喉卡，拧紧喉卡上的螺钉，保证连接牢固且不漏气。然后按照水源的情况将另一端进水口完全浸入水中，并且要安装过滤器，以免吸入杂质损坏高压泵。

（4）连接出水管，把高压胶管的插入接头端与清洗机出水口的快速接头相连，另一端与高压水枪上的螺纹接头相连。

（5）连接插座时，必须将清洗机的开关定在“关”位置，如果是使用延长电源线，插头和插座必须是防水结构的。

（6）在进行清洗作业时，应采用正确的姿态，一只手握紧喷枪的手柄，另一只手握住喷管，扣动扳机时要注意水喷出时喷枪会产生一定的反冲力和对手柄的旋转力矩，操作时注意力要集中。

（7）若长时间不使用，应关闭电源开头，打开喷枪阀，将压力完全释放掉。

（8）清洗机出厂时工作压力已调好，禁止随意将压力调高，避免清洗机因工作状态改变受到损害或发生意外事故。

<table>
<tr><td>1. 作用</td><td colspan="2">高压清洗机用于汽车外表的清洗、发动机的清洗、底盘的清洗、车轮的清洗等。</td></tr>
<tr><td rowspan="3">2. 类型</td><td colspan="2">高压清洗机分为高压冷水清洗机和高压冷热两用清洗机，目前主要以高压冷水清洗机为主。</td></tr>
<tr><td>（1）高压冷水清洗机</td><td>高压冷水清洗机工作参数：工作压力为 17MPa，流量：780L/h，电源 / 功率：220V/6.6kW。</td></tr>
<tr><td>（2）高压冷热两用清洗机</td><td>除了提供常温的高压水外，还增加了电加热装置，输出高压水的温度可调节，清洁效果更好，但能耗大，一般仅适于冬季寒冷的地区使用。高压清洗机的种类很多，性能不一，价格差别也较大。</td></tr>
</table>

3 泡沫清洗机

知识链接

（1）打开加水阀和排气阀，加入清水至标准位置，然后按比例加入泡沫清洗剂。

（2）把加水阀和排气阀关好，然后用快速接头接上空气压缩机气源，再将工作气压调至 250kPa 左右（压力开关顺时针拧动为增加压力，逆时针拧动为减小压力）。

（3）打开空气压缩机进气阀，当压力表压力升至 250kPa 左右时，打开喷枪阀开关，即可喷射出泡沫。喷射距离为 6m 左右，喷射距离可用压力来调节。

1. 作用	泡沫清洗机主要是通过压缩空气（由空气压缩机提供）使清洗剂泡沫化，然后从泡沫喷枪喷出，能将泡沫状的清洗液均匀地涂敷于车身外表，通过化学反应的作用，获得极佳的除尘和去油污效果。
2. 类型	泡沫清洗机种类较多，主要有气动和电动两类。目前主要以气动泡沫清洗机为主。

4 高压水枪

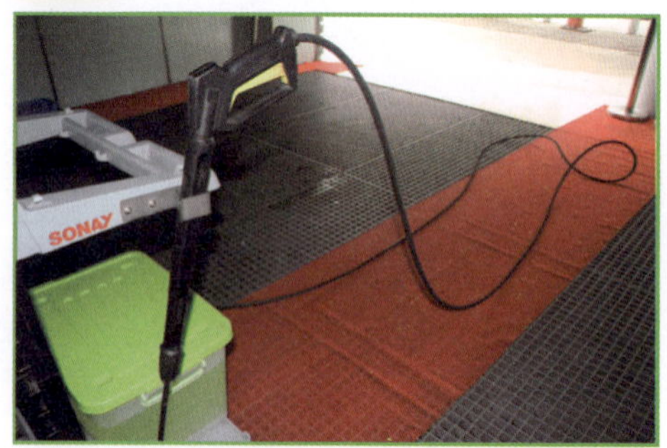

高压水枪的水经过高压清洗机加压后流经高压水管，最后经水枪喷出。高压水枪通过控制出水嘴的流量来控制水的分散大小。高压水枪压力不超过 8MPa，一般在 5~6MPa。

学习提示

（1）在进行清洗作业时，应采用正确的姿态，一只手握紧高压水枪的手柄，另一只手握住高压水管，扣动扳机时要注意水喷出时高压水枪会产生一定的反冲力和对手柄的旋转力矩，操作时注意力要集中。

（2）用束状强力喷流进行清洗作业时，水枪头和被清洁面的距离不宜太近，以免因压力过高而导致被清洗物体损坏。

（3）不要把手放在水枪的前端，以免造成伤害。

6 抛光机

5 高压气枪

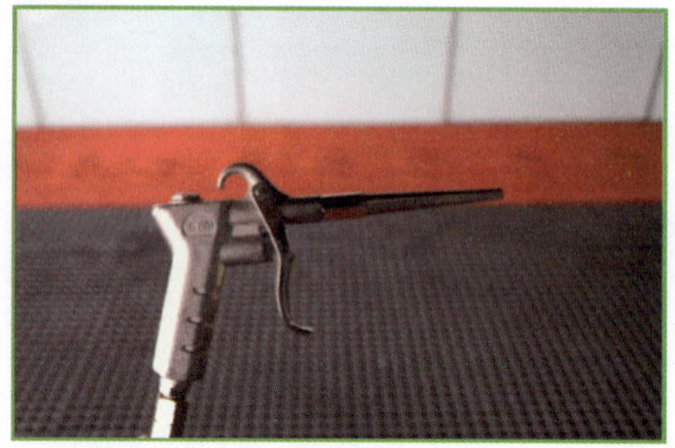

高压气枪主要用于将车辆缝隙部位的水分和残渣吹净。

知识链接

将压缩空气快速连接阀连接到高压气枪连接端上，然后通过扣动扳机来控制压缩空气流量大小即可将灰尘吹掉。

学习提示

抛光机也称为研磨机，常用于机械式研磨、抛光及打蜡。它利用安装在抛光机上的海绵或羊毛抛光盘高速旋转，通过抛光盘和抛光剂共同作用并与待抛表面进行摩擦，进而达到去除漆面污染、氧化层、浅痕的目的。抛光盘的转速一般在 1500~3000r/min，多为无级变速，施工时可根据需要随时调整。

抛光机的使用

<table>
<tr><td rowspan="6">1. 分类</td><td>（1）按动力来源分类</td><td>按动力来源分类有气动式和电动式两种。气动式比较安全，但需要气源；电动式被广泛采用，但一定要注意用电安全。</td></tr>
<tr><td rowspan="5">（2）按转速分类</td><td>学习提示
按转速分类有高速抛光机、中速抛光机、低速抛光机及变速抛光机四种。</td></tr>
<tr><td>① 高速抛光机转速为 1750 ~ 3000r/min，转速可调。</td></tr>
<tr><td>② 中速抛光机转速为 1200 ~ 1600r/min，转速可调。</td></tr>
<tr><td>③ 低速抛光机转速为 1200r/min，转速不可调。</td></tr>
<tr><td>④ 变速抛光机转速为 1000 ~ 3000r/min，转速可随时调整。</td></tr>
<tr><td rowspan="2">2. 使用方法</td><td colspan="2">（1）操作人员首先将电源线连接到插座上，开关定在“关”位置。</td></tr>
<tr><td colspan="2">（2）研磨 / 抛光时打开电源开关，然后按规定的转速进行调整，接着将抛光机平放于漆面，均衡地向下施加压力即可进行抛光作业。施加压力的大小由操作人员根据抛光漆面的状况来灵活确定。</td></tr>
</table>

7　打蜡机

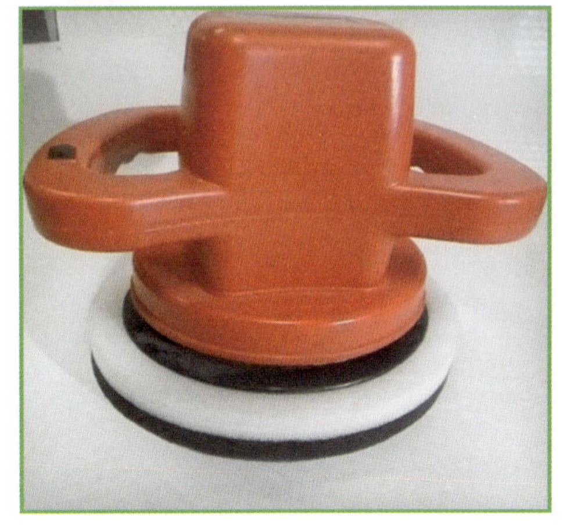

知识链接

（1）首先将手柄调到合适位置，然后将打蜡机向后平放于地面，开始安装盘套。

（2）把盘套向右旋转安装在电动机齿轮扣上。

（3）插上电源插头，按下安全保护钮，往上抓左或右手柄的起动开关开动打蜡机。

（4）使用完毕，拔下电源插头，并应将盘套卸下。

<table>
<tr><td>1. 作用</td><td>汽车打蜡机主要用于车身需要打蜡部位的表面处理，可有效提高工作效率和工作质量。</td></tr>
<tr><td rowspan="3">2. 使用方法</td><td>（1）将液体蜡画圈似地倒在打蜡盘上，每次按 0.5m² 的面积打匀，直至全车打完。</td></tr>
<tr><td>（2）静候几分钟待蜡凝固后，将抛蜡盘套装在打蜡机上。</td></tr>
<tr><td>（3）确认盘套的绒线中无杂质后开机，然后将打蜡机盘套轻放在车身上，让打蜡机横向与竖向覆盖式地抛光，直至车漆光泽令人满意为止。</td></tr>
</table>

8 封釉振抛机

知识链接

（1）首先将手柄调到合适位置。

（2）插上电源插头，按下起动开关开动封釉振抛机。

（3）使用完毕，按下关闭开关，拔下电源插头。

1. 作用	封釉振抛机是封釉的专用电动工具，主要通过振抛机的高频振动与快速转动，与漆面摩擦产生热量，使漆面局部产生一定程度的扩张，使釉剂通过振动均匀地挤压渗透到漆面中，并在漆面上形成一层极薄的保护膜，以有效地保护和美化漆面。
2. 使用方法	封釉振抛机一般采用吸盘式封釉波纹海绵轮与封釉振抛机的托盘相连，确认海绵轮的绒线中无杂质后开机。最后将封釉振抛机盘套轻放在车身上，让封釉振抛机横向与竖向覆盖式地封釉，直至车漆光泽令人满意为止。

9 吸尘机

学习提示

吸尘机适用于汽车内顶篷、座椅、仪表台、空气滤清器、地面、地毯除尘、除水。操作时要注意以下三点：

（1）不适用于吸取含有爆炸性、易燃及毒性固体或液体的物质。

（2）应选择防水插头，并且不能损坏电源线。

（3）保证吸尘管畅通，而且圆桶内垃圾要及时清理。

吸尘机的使用

<table>
<tr><td>1. 作用</td><td>吸尘机主要是将车室内的大量灰尘清除干净。</td></tr>
<tr><td>2. 类型</td><td>吸尘机主要有便携式、家用型和专业型三种，又分为干式和湿式两类。目前专业型的吸尘吸水机效果最好，具有较好的防水性，集吸尘、吸水、风干于一体。</td></tr>
<tr><td rowspan="8">3. 使用方法</td><td>（1）确认电源电压与吸尘机相符方可使用。</td></tr>
<tr><td>（2）连接所有的吸尘管、水软管，并选择适当的尘擦。</td></tr>
<tr><td>（3）将吸尘管与吸尘机的吸嘴连接。</td></tr>
<tr><td>（4）切勿将电源线安放在机身吸嘴后方。</td></tr>
<tr><td>（5）吸尘时，必须安装集尘纸袋方可吸尘。</td></tr>
<tr><td>（6）吸水前应去掉集尘纸袋，并取出圆桶内杂物。</td></tr>
<tr><td>（7）定期检查吸尘机电动机的电刷。</td></tr>
<tr><td>（8）机身应保持清洁干爽。</td></tr>
</table>

10 高温蒸汽清洗机

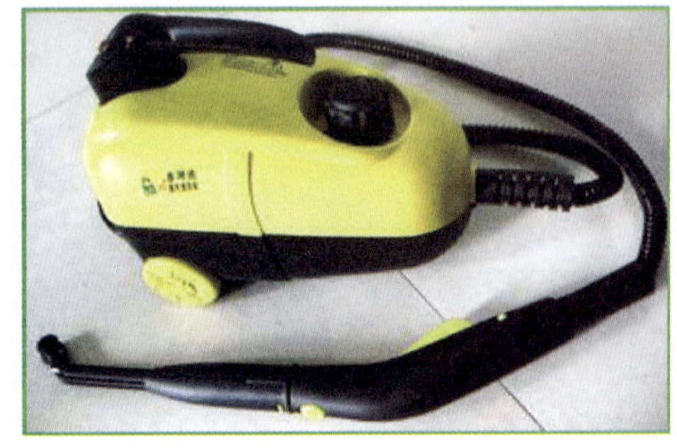

知识链接

（1）操作人员从上向下按逆时针方向拧开保险盖，按要求加入 1 量杯水，顺时针旋紧保险盖。

（2）连接电源插头，此时电源指示灯会亮。

（3）等待 3~4min 后，按住蒸汽喷射按钮，喷射出蒸汽后即可清洗。

（4）在高温蒸汽清洗机将热水加热成蒸汽的过程中，蒸汽温度可由温度控制按钮自由调节。

1. 作用	高温蒸汽清洗机主要是将车身内饰和地毯等极易积聚污垢及细菌的纤维绒布织品进行清洗消毒。
2. 使用方法	利用高温蒸汽对纤维织物等进行深度清洗，去除藏匿在其中的细菌和油渍，无须任何化学清洗剂的辅助，可在短时间内产生 150℃和 320kPa 的高温蒸汽，使蒸汽喷射于需要清洁的内饰表面上，起到快速灭菌作用，特别是对空调系统出风口的清洁效果更佳。

11 专用甩干桶

专用甩干桶的主要作用是将清洗后的汽车地毯和脚垫等织物脱水。专用甩干桶容量大、转速高、功率大，能在数分钟时间内达到很好的脱水效果，是汽车美容店必备的设备。

学习提示

专用甩干桶适用于座垫、座套、地毯、柔软装饰物及软性物件等的脱水。使用时注意以下事项：

（1）检查专用甩干桶线路、开关、安全装置是否完好等。

（2）打开专用甩干桶，检查离心舱内是否有遗留物品，转动离心舱，确定离心转子无卡滞现象。

（3）当专用甩干桶运行正常后，慢慢地将转速调至所需的速度，确定正常工作后方可离开。

（4）专用甩干桶停机后，将离心舱的物品及杂质清理干净即可。

专用甩干桶的使用

12 自动洗车机

知识链接

自动洗车机的操作方法如下：

（1）操作自动洗车机之前，检查其周围有无障碍物，确定在洗车范围内没有任何人或杂物，着重检查确定输送带上无任何物件。

（2）检查完毕，将自动洗车机电源接通。首先将总电源开关打开，查看显示灯，确认供电正常；接着再打开面板供电钥匙开关，全部项目应显示正常；最后确定水、电、气一切正常后方可进行清洗。

（3）操作自动洗车机前，应将所有控制箱门板关好，以免水分飞溅到电气元件上，同时严禁在控制箱内堆放杂物。

（4）指挥车辆驶入自动洗车机工位内，并做好车辆外部件的处理工作。此外车辆进入轨道前，应检查车辆的刮水器、天线、后视镜是否正常；车身钣金有无明显划痕；有无其他松动、脱落的部件等。

（5）洗车机出口、入口分别设有一人，方可操作运行。

（6）在自动洗车程序进行中，操作人员严禁擅自离开操作岗位，随时做好对突发状况的应变准备，给予相应的处理措施。

1. 定义	自动洗车机是一种通过电脑设定相关程序来实现自动清洗、打蜡、风干、清洗轮辋等工作的设备。
2. 类型	自动洗车机分为无接触式自动洗车机和毛刷式全自动洗车机，目前毛刷式全自动洗车机比较常见。
3. 工作原理	自动洗车机通过光电系统检测，经电脑分析计算出各种动作的最佳位置和力度，达到最佳的洗车效果。它能自动闪避后视镜、收音机天线等，确保汽车安全；电脑洗车洗净力强、含水量大、不伤车。

二、汽车美容工具

（一）清洁工具

1 抹布

用于清除汽车污渍及灰尘。

2 毛刷

用于清洁和涂刷修补漆。

3 洗车手套

用于擦洗车身，以免车身上毛刺伤到手。

4 洗车海绵

用于在泡沫洗车过程中擦洗车身。

5 喷水壶

用于喷雾状水或清洁剂以清洁汽车内饰、绒毛座椅等表面的杂质。

6 砂纸

擦拭车窗玻璃顽固污物或除锈。

7 洗车防水围裙

带上洗车防水围裙便于美容技师洗车操作。

8 水鞋

穿上水鞋便于美容技师洗车操作。

（二）除锈工具

1 金属丝刷

擦刷车身锈蚀及脚垫硬泥。

2 铲刀

铲除锈蚀浮渣，主要用于钣金喷漆。

3 除锈研磨绒轮

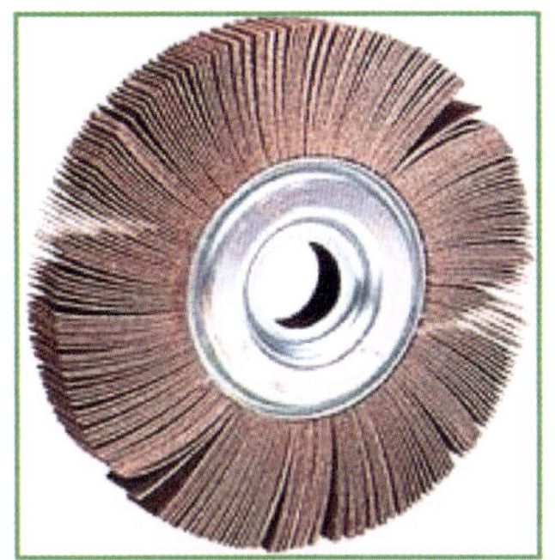

用于除锈、除漆和清除车身的顽固异物。

4 砂布

去光和除油脱脂，主要用于钣金喷漆。

（三）防涂遮蔽工具

1 美纹纸胶带

美纹纸胶带用于遮蔽时的临时粘贴。

2 遮蔽膜

用于喷漆时遮挡油漆、涂料及室内装潢，起到防护作用。

（四）涂装工具

1 刮刀

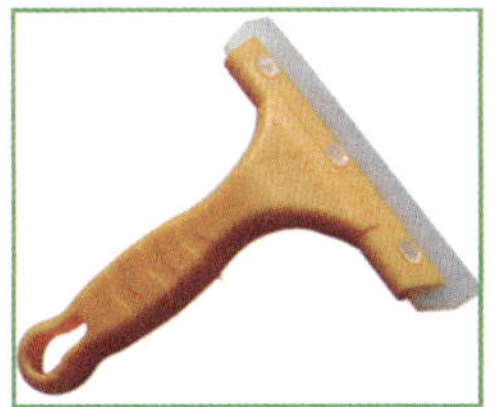

刮刀用来修整平面，用于钣喷或贴膜。

2 喷枪

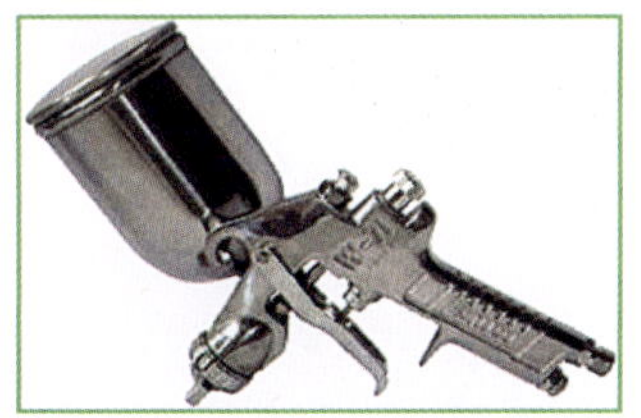

喷枪用来喷涂汽车油漆，与空气压缩机相连，是喷漆的主要工具。

3 塑料刷子

塑料刷子用于清洁隐蔽区域，如出风口及中控区域等。

4 刮板

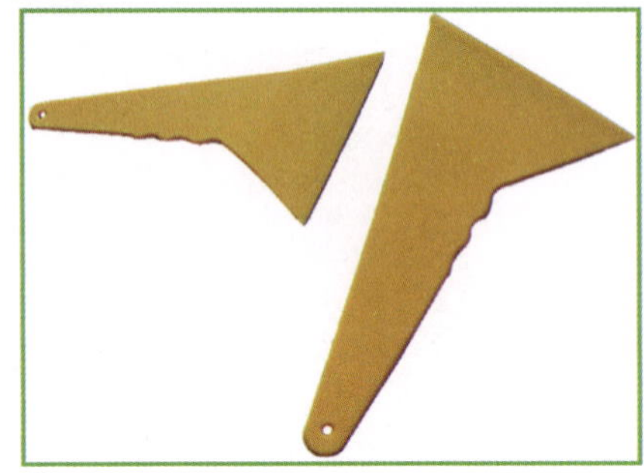

刮板主要用于贴膜，它能有效地提高贴膜效率和贴膜质量，使膜面粘贴更牢固。

（五）打蜡抛光工具

1 羊毛抛光盘

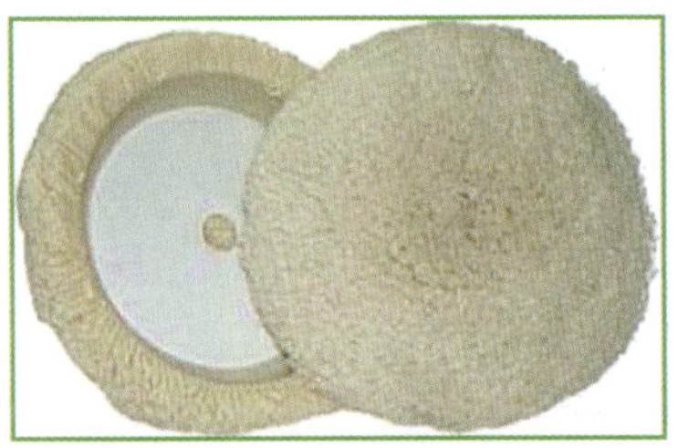

羊毛抛光盘用于粗抛作业，可快速高效地去除砂纸磨痕、油漆表面颗粒、氧化层和涡旋痕。

2 海绵抛光盘

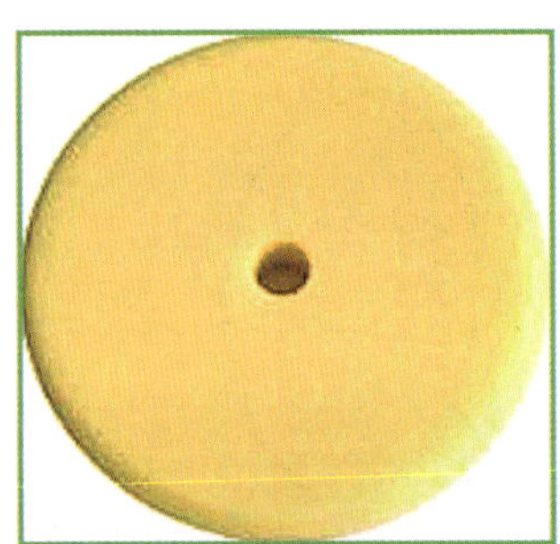

海绵抛光盘配合抛光剂来使用，抛光效果与抛光机的速度有关。

3 全棉打蜡盘套

应选择针织密集的线绒较多的具有柔软感的全棉盘套。盘套越柔软，就越能减少发丝划痕，也能把蜡的光泽和深度抛出来。使用时应注意不能反复使用，应一辆车更换一个新的。

4 打蜡海绵

打蜡海绵也叫清洁膏海绵，专门用于汽车打蜡。

5 无纺毛巾

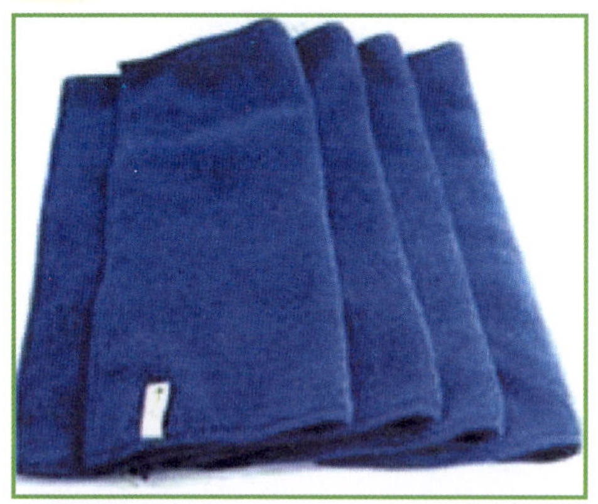

无纺毛巾吸湿性好，是汽车美容必备的用品。

6 专用毛巾

专用毛巾具有极强的去污和吸水性能，对车身无丝毫损伤，不会产生棉织物常见的纤维脱落现象。

项目五　汽车美容专用设备

一、发动机燃油供给系统免拆清洗机

<table>
<tr><td>1. 作用</td><td>从输油管输入混有清洁剂的燃油，在发动机运转的同时，混合物经燃烧将分布在喷油器和燃烧室等处的积炭、胶质与积垢软化、溶解并随尾气排出。</td></tr>
<tr><td>2. 结构</td><td>发动机燃油供给系统免拆清洗机由压力表、操作面板、接头手提箱、加液视窗、带过滤功能的加油口等构成。
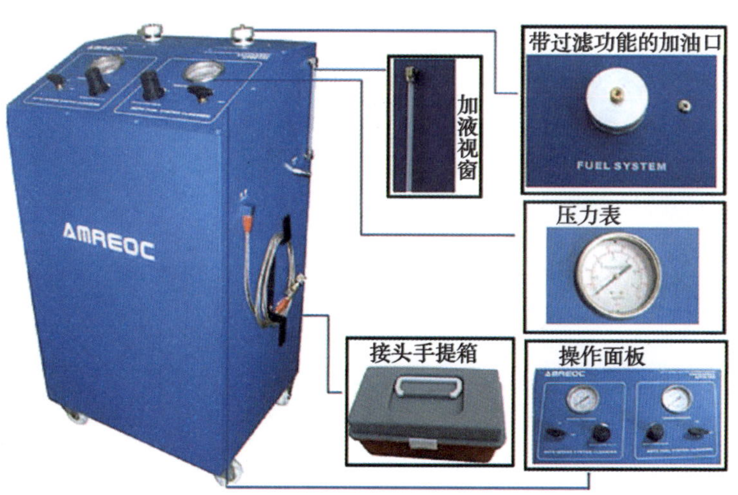
</td></tr>
</table>

（续）

3. 清洗操作	（1）将进油管从发动机的连接点上拆下，选择合适的接头将进油管与清洗机的出油管连接好。
	（2）将从燃油泵来的进油管与回油箱的回油管连接起来，使进油管来油经回油管流回油箱，并将油箱盖打开，让空气畅通，减小油路压力，如没有回油管则拔下油泵熔丝，让油泵停止工作即可。
	（3）拆除节气门处的管道，接上雾化喷头，喷头对准节气门口处，将进气压力调整在150~200kPa。
	（4）将燃油清洗剂加入清洗机内，并将压缩空气连接至清洗机进气口，调整压力为280~350kPa。
	（5）检查接点有无漏油。
	（6）起动发动机，打开雾化喷头阀门，清洗剂用完后即完成清洗。

二、发动机冷却系统免拆清洗机

1. 作用	（1）清除发动机散热器、水道内的水垢和杂质。
	（2）自动更换发动机冷却液。
2. 结构	发动机冷却系统免拆清洗机由压力表、调压阀、转换阀进出水管接头及高压空气管接头等构成。 

（续）

3. 清洗操作	（1）打开汽车散热器盖，加入清洗液，拧好盖。
	（2）将白色滤芯装在透明滤芯壳内。
	（3）接好压缩空气接头。
	（4）将转换阀转至“循环”，定时开关转至“关”。
	（5）将红、蓝管分别接在所配备的接头上。
	（6）拉起调压阀，按顺时针转动，起动清洗泵排出黄色管内空气。
	（7）关闭调压阀，检查管路与接头。
	（8）拉起调压阀，按顺时针转动，清洗泵工作。
	（9）打开定时开关，设定为 10min。
	（10）清洗结束后，拆掉管路，放掉旧冷却液加入新冷却液。

三、发动机润滑系统免拆清洗机

1. 作用	（1）清洗发动机润滑系统油道。
	（2）自动更换机油。
2. 结构	发动机润滑系统免拆清洗机由指示灯、操作面板、机油加注口、进油口和出油口接头、加液视窗、电路系统和液压泵等构成。

（续）

3. 清洗操作	（1）清洗准备工作	1）将清洗液装入清洗机所配备的专用桶内。
		2）接上电源。
		3）接上压缩空气。
		4）将白色滤芯放入透明壳内。
		5）接好进、出油管。
	（2）清洗操作步骤	1）放掉机油，拆下机油滤芯。
		2）将专用接头拧在油底壳放油螺塞上，接上胶管（红色）。
		3）选择与汽车机油滤清器合适的接头，配合适的 O 形垫圈，接好胶管（蓝色）。
		4）按起动开关工作。
		5）停机：每辆车清洗 15~30min，蜂鸣器鸣叫提示清洗完成。
		6）拆下红色胶管，拧紧放油螺塞。
		7）拆下蓝色胶管，装好更换滤芯的机油滤清器。
		8）加足机油，起动发动机 1min，检查机油量和各接头。
	（3）清洗注意事项	1）确保电源和高压空气系统完好。
		2）按起动开关后，观察清洗液是否回流至透明过滤器内。
		3）清洗时观察各接头是否漏液。
		4）开机前一定要接好高压空气管，否则清洗液会倒流。
		5）每清洗一辆汽车需更换一个白色滤芯。
		6）每桶清洗液可洗 10 辆车，清洗 10 辆车后计数器显示“0”。更换清洗液：将蓝色胶管放到集液容器里，按下起动开关（指示灯亮），两次排完。

3

第三章

汽车美容护理用品

项目六 汽车清洗系列用品

一、汽车清洗系列用品常识

1. 清洗用品的作用	（1）实现快速高效清洗	清洗用品去污力强，可提高清洗速度，还具备清洗与护理两种功效，提高清洗效率。
	（2）确保清洗质量	清洗用品不仅可以清洗掉各种污渍，而且不伤漆面，对漆面具有保护作用。
	（3）节省清洗费用	用清洗剂除污，可减少溶剂油的消耗。
	（4）有利于保护环境	采用环保型清洁剂洗车，减少对环境的污染。
2. 污垢的种类	（1）水溶性污垢	水溶性污垢包括泥土、沙粒和灰尘等，可以用水轻易冲洗掉。
	（2）水不溶性污垢	水不溶性污垢主要包括炭烟、矿物油、油脂、胶质物、铁锈、废气凝结物等，必须以清洗剂清洗。
3. 清洗用品的除垢原理	学习提示 清洗用品的除垢主要经过“润湿→吸附→溶解→悬浮→去污”五个过程。	
	（1）润湿	当汽车清洗用品与汽车表面上的污垢质点接触后，由于清洗剂溶液对污垢质点有很强的润湿力，深入到污垢聚集体的细小空隙中，使污垢润湿松动。
	（2）吸附	清洗用品能将污垢质点的静电进行吸附，有效防止污垢再沉积。
	（3）溶解	使污垢溶解在清洗剂溶液中。
	（4）悬浮	清洗用品中含有表面活性物质，在清洗过程中能使固体污垢形成悬浮液，然后将其冲洗干净。
	（5）去污	用高压水枪将汽车表面的悬浮污垢冲干净即可达到去污目的。

二、汽车清洗系列用品种类

（一）汽车清洗养护用品

1 不脱蜡洗车液

不脱蜡洗车液呈中性，具有很强的分解去污能力，具有不破坏蜡膜、不腐蚀漆面、泡沫丰富、使用方便等特点。

2 脱蜡洗车液

脱蜡洗车液应用于脱蜡洗车。它具有较强的油垢溶解功能，能把以前的蜡及新车的封蜡清洗干净，是汽车开蜡首选产品。

3 电脑洗车机用超级泡沫蜡

电脑洗车机用超级泡沫蜡产生的泡沫丰富细腻，具有极好的清洁效果和润滑作用。

4 增光洗车液

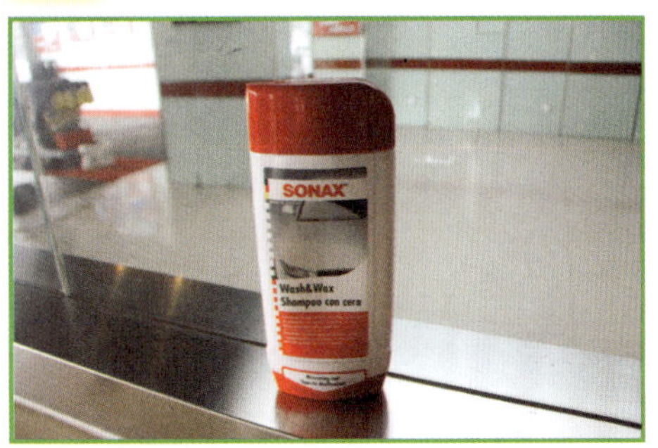

增光洗车液是一种集洗车、上光及保护于一身的浓缩型洗车液。

（二）发动机清洗养护用品

1 发动机外部清洗剂

发动机外部清洗剂具有极强的去油能力，能快速乳化分解去除油污，对机体没有腐蚀作用，且水溶性好，可以完全溶解油污，易用水冲洗，无残留物。

2 燃油喷射系统清洁剂

燃油喷射系统清洁剂能彻底清除喷油嘴、进气阀、燃烧室、活塞顶部等处的积炭和胶质，消除发动机怠速不稳、加速不良、发动机无力等现象。

3 发动机润滑系统清洁剂

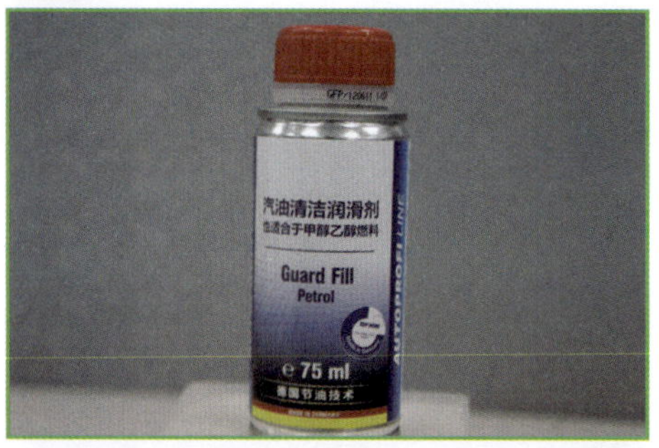

发动机润滑系统清洁剂通过发动机润滑系统免拆清洗机来快速清洁发动机润滑油路，减小活塞环与气缸壁之间的摩擦，有效降低发动机噪声和油耗。

4 散热器清洗剂

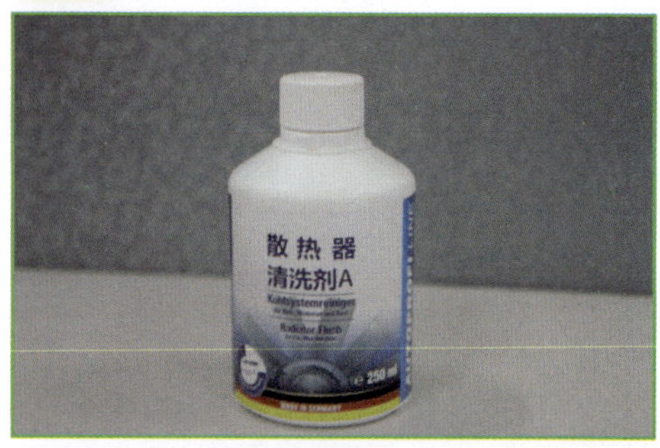

散热器清洗剂也称水箱清洗剂，可以有效去除冷却系统中的油脂、胶质层以及散热器、缸套、管道中的水垢和锈蚀。清洗后能提高发动机的散热效果，起到预防发动机过热的作用。

5 燃油系统强力清洗保护剂

燃油系统强力清洗保护剂主要是添加到燃油箱中，对运行中的车辆进行全方位清洗，去除燃油系统积炭。

（三）汽车内室清洗剂

1 泡沫清洁剂

泡沫清洗剂具有极强的渗透力和去污力，用于车内整体或局部的清洁，如座椅、仪表板、顶篷、车门饰板等，且具有芳香和安全、无毒等特点。

2 车内清洁香波

车内清洁香波有极强的渗透性能和去污能力，用于车内纤维及仪表等的清洁。

3 多功能去污护理膏

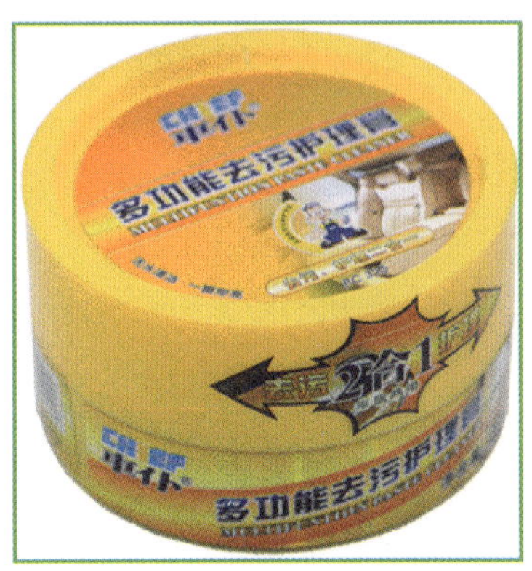

多功能去污护理膏用于塑料及橡胶制品的清洁与护理，清除污垢的同时能在橡胶制品的表面形成一层保护层，具有翻新效果。

4 多功能清洗剂

多功能清洗剂去污力强，用于去除汽车室内的油脂、污垢等顽固性污渍。

项目七 汽车护理系列用品

一、汽车护理系列用品常识

<table>
<tr><td rowspan="7">1. 汽车蜡的作用</td><td>（1）防水</td><td colspan="2">车蜡能在大气与车身漆面之间形成一层保护膜，将车漆与水蒸气有效地隔离，起到防水作用。</td></tr>
<tr><td>（2）抗高温</td><td colspan="2">车蜡能够对来自不同方向的入射光产生有效反射，防止入射光线穿透漆膜，从而延长漆面的使用寿命。</td></tr>
<tr><td>（3）防止产生静电</td><td colspan="2">车蜡能够隔断空气、尘埃与车身漆面的摩擦，有效防止车身静电的产生，还可大大降低带电尘埃对车身的附着。</td></tr>
<tr><td>（4）防紫外线</td><td colspan="2">车蜡能够防止紫外线折射进入车身漆面，有效地降低对车身漆面的侵害。</td></tr>
<tr><td>（5）上光</td><td colspan="2">车蜡能够改善漆面的光洁程度，使车身恢复靓丽且有光泽。</td></tr>
<tr><td>（6）研磨抛光</td><td colspan="2">当漆面出现浅划痕时，可使用研磨抛光车蜡进行抛光，消除车身划痕。</td></tr>
<tr><td>（7）防氧化</td><td colspan="2">车蜡能在大气与车身漆面之间形成一层防氧化膜，将车漆与大气有效地隔离，起到防氧化作用。</td></tr>
<tr><td rowspan="6">2. 汽车蜡的分类</td><td rowspan="2">（1）按物理状态分类</td><td>1）液体蜡</td><td>液体蜡使用方便，操作简单。</td></tr>
<tr><td>2）固体蜡</td><td>固体蜡用于手工操作。</td></tr>
<tr><td rowspan="2">（2）按功能分类</td><td>1）上光保护蜡</td><td>上光保护蜡有无色上光蜡和有色上光蜡，无色上光蜡用于漆面状况极好的车，主要起增光作用；有色上光蜡主要以增色为主。</td></tr>
<tr><td>2）抛光研磨蜡</td><td>抛光研磨蜡用于汽车漆面浅划痕处理及漆膜的磨平作业，以清除划痕、橘纹及填平细小针孔等。</td></tr>
<tr><td>（3）按生产国别分类</td><td colspan="2">车蜡可分为国产蜡、进口蜡。</td></tr>
<tr><td>（4）按作用分类</td><td colspan="2">车蜡可分为防水蜡、防高温蜡、防静电蜡及防紫外线蜡等。</td></tr>
</table>

二、汽车护理系列用品种类

1 天然棕榈蜡

天然棕榈蜡能有效清除漆面上的污垢和细小划痕，并形成一层水晶般光亮的、持久的保护膜，恢复至新车的光泽。

2 研磨蜡

研磨蜡采用高级进口合成蜡和特殊研磨剂制成，通过强力的研磨微粒可轻松地去除车体表面上的氧化膜、划痕、锈斑和顽固污垢，使车身表面恢复原有的光滑与色彩。

3 上光养护蜡

上光养护蜡内含特种树脂，能在车体表面形成坚固的特殊保护膜，抵御酸雨、紫外线及其他污染物的侵蚀，防止漆面老化，让车漆光泽持久靓丽。主要适合深色新车，不含抛光剂和研磨材料。

4 高级固蜡

高级固蜡内含特种树脂，能在车体表面形成坚固的特殊蜡保护层，防止汽车漆面划伤及老化，具有卓越的上光性及不沾水性。适用于深色汽车漆面。

5 高级划痕修复蜡

高级划痕修复蜡由特殊研磨剂制成，可去除车体表面上的顽固污垢及氧化层、划痕、锈斑等。

6 金装水晶蜡王

金装水晶蜡王采用新一代全合成蜡、含氟聚合物和纳米抗紫外线技术，能给车漆带来丰富色感及清澈艳丽的光泽，其光泽增加度、光泽持久性强，适合各种颜色车辆使用。

7 抛光蜡

抛光蜡适用于汽车漆面抛光，可获得最佳抛光效果。

8 封釉蜡

封釉蜡可以在汽车漆面上形成一层保护膜，使其光泽持久。

9 硅蜡

硅蜡可作抛光蜡，起防水、增加光亮等作用。

10 色蜡

色蜡属于抛光蜡，它具有去污、防高温、防紫外线、护色、修复划痕及防磨损的作用。

项目八　汽车专业保护系列用品

一、汽车专业保护系列用品常识

学习提示

汽车专业保护系列用品是一种能够起到增亮、抗磨、抗老化等保护作用的用品，主要用于皮革（包括人造革）、塑料、橡胶、化纤等材质的表面，对仪表板、保险杠、汽车座椅、车窗密封条、轮胎及电镀件等具有良好的保护作用。

1. 汽车专业保护用品的作用	（1）增加耐磨性	使用汽车专业保护剂后，可以在物体表面形成一层保护膜，增加物体的耐磨能力。
	（2）防老化	汽车专业保护剂可以阻挡阳光中紫外线的照射，防止橡胶、塑料、皮革等表面的老化、龟裂、褪色。
	（3）增强光泽性	汽车专业保护剂含增光剂，可以增强皮革、塑料等表面的光泽。
2. 汽车专业保护用品的分类	（1）皮革保护剂	皮革保护剂一般也适用于塑料制品，所以有时也称之为皮塑保护剂。用于皮革（含人造革）、塑料件的表面，起上光、软化、抗磨、抗老化等作用，适用于皮革座椅、仪表台、转向盘、车门内侧以及塑料保险杠等。
	（2）化纤、丝绒类专业保护剂	化纤、丝绒类专业保护剂对化纤、丝绒类物质的表面能够起到清洁、抗紫外线、抗老化、防腐蚀等保护作用。一般车内化纤制品较多，如顶篷、车门内饰板、座椅外套等。
	（3）玻璃专业保护剂	玻璃专业保护剂用于玻璃表面的清洁保护，对玻璃件起清洁的作用。

二、汽车专业保护系列用品种类

（一）皮革类专业保护剂

1 油性上光保护剂

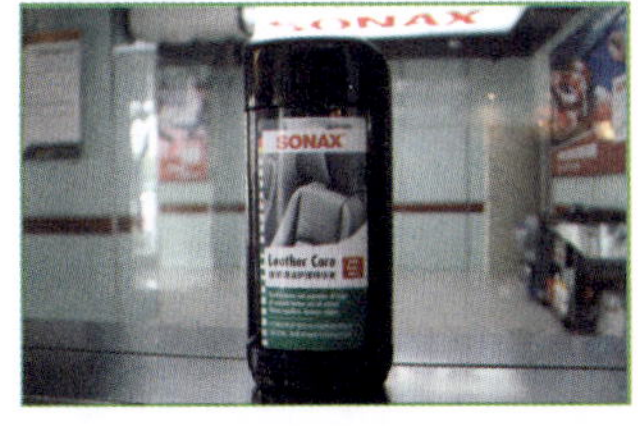

油性上光保护剂渗透性强，具有防水、防霉、防止龟裂，延缓皮革件老化的功能，同时上光效果显著。

2 仪表板蜡

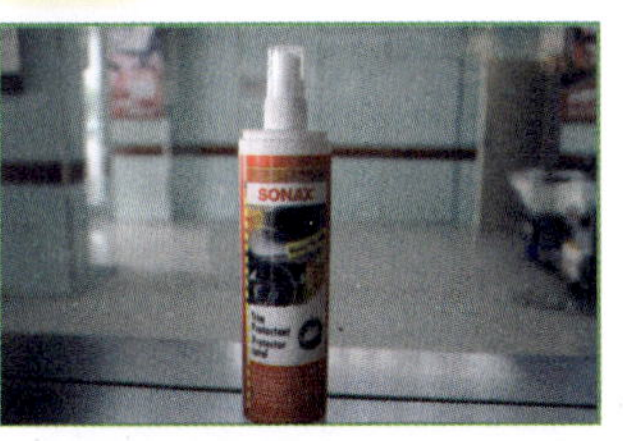

仪表板蜡是采用树脂制成的仪表皮革保护蜡，上光效果显著。

3 真皮清洁柔顺剂

真皮清洁柔顺剂适用于真皮表面的清洁。

4 硬质皮革清洗剂

硬质皮革清洗剂能有效去除皮革表面上沾有的脂肪污斑。

5 真皮清洁增光剂

真皮清洁增光剂适用于皮革座椅、仪表台、转向盘及车门内侧的清洁增光。

（二）化纤或丝绒类专业保护剂

1 丝绒地毯清洗液

丝绒地毯清洗液在去污的同时可以在表面形成透明的保护膜，能迅速彻底地去除车内丝绒、座垫、座套上的污渍，此外具有高效杀菌和“复彩增艳”的作用。

2 绒毛深度清洁香波

绒毛深度清洁香波能有效去除内饰、座垫、顶篷里的顽固污渍，与此同时还能去除车内残留的烟味和小动物的异味，对纤维织物与皮革本身无任何腐蚀作用。

3 化纤清洗剂

化纤清洗剂对化纤类物质的表面起清洁作用。

4 丝绒清洁保护剂

丝绒清洁保护剂对丝绒类物质的表面起清洁作用。

5 化纤保护剂

化纤保护剂对化纤类物质的表面起抗紫外线、抗老化、防腐蚀等保护作用。

6 化纤皮革清洁保护剂

化纤皮革清洁保护剂对化纤皮革类物质的表面起清洁、抗紫外线、抗老化、防腐蚀等保护作用。

（三）玻璃专业保护剂

1 玻璃清洁防雾剂

玻璃清洁防雾剂用于清除玻璃表面各种污垢，同时可在玻璃表面形成一层超亲水透明膜，可消除因温差或气候变化引起的玻璃表面出现的雾珠现象，具有持久的防雾功能。

2 玻璃抛光剂

玻璃抛光剂适用于所有玻璃及灯罩、塑料件抛光护理，能迅速除去玻璃上的细微划痕，同时在玻璃表面形成一层保护膜，令玻璃光泽明亮。使用干燥的微纤维布或海绵将玻璃抛光剂均匀地涂抹在玻璃表面即可。

3 风窗玻璃喷雾除冰剂

风窗玻璃喷雾除冰剂主要起除冰的作用，将它喷洒到风窗玻璃上能很快融化冰、雪、霜，能够保证车辆在低温天气正常驾驶。

项目九 其他汽车专业保护剂

一、其他汽车专业保护剂常识

<table>
<tr><td>1. 汽车美容黏土</td><td colspan="2">汽车美容黏土是一种非常细腻的特种聚合物，去污力极强，韧性好，可反复使用。使用时先在车身漆面上洒上水，然后用汽车美容黏土清洁护理。清洁护理时，在需要清洁的表面上反复擦拭，使金属氧化物、锈迹颗粒等卷入黏土中，数秒钟内就可以发现被擦拭过的部位变得光亮如新。汽车美容黏土同样可用于污垢严重的车窗玻璃、金属镀层、铝合金等制品的除污及车身漆面氧化物或车身附着物（柏油、沥青、树胶等）的清除。</td></tr>
<tr><td rowspan="2">2. 底盘防锈降噪剂</td><td>（1）作用</td><td>底盘防锈降噪剂是一种含有特殊矿物质精华原料的高质量环化橡胶醇酸树脂，不含沥青成分。具有防锈蚀、隔音、降噪、抗盐碱、防砂石撞击的特点。柔韧有弹性、粘附力强，用于汽车“底盘装甲”。</td></tr>
<tr><td>（2）应用部位</td><td>用于喷涂汽车底盘、轮弧、油箱等位置，喷涂后可形成粗糙的软性涂层，具有耐磨和减振、隔音、防锈的效果。</td></tr>
<tr><td>3. 塑胶专业保护剂</td><td colspan="2">塑胶专业保护剂适用于汽车轮胎、橡胶密封件、保险杠等橡胶和塑料制品对橡胶件起到清洁、抗氧化、抗老化的作用。
通过它的抗紫外线照射作用来防止橡胶及塑料的氧化，从而实现其保护作用。</td></tr>
<tr><td>4. 电镀件专业保护剂</td><td colspan="2">电镀件专业保护剂主要用于电镀件表面的除锈保护，对电镀件起防氧化的作用。</td></tr>
<tr><td>5. 发动机专业保护剂</td><td colspan="2">发动机专业保护剂主要用于发动机表面的护理，起到防氧化和增亮的作用。</td></tr>
</table>

二、其他汽车专业保护剂种类

1 焦油沥青去除剂

焦油沥青去除剂用于沥青及焦油等有机烃类化合物的清除。

2 不干胶清除剂

不干胶清除剂是一种专门用来清除车体表面不干胶或不干胶残留物的化学试剂，常用于清除塑料、玻璃制品上的不干胶标签等。

3 异味消除剂

异味消除剂是一种微生物技术生产的绿色环保无味净化用品。消除甲醛，同时也可消除烟味、霉味等各种异味，消除异味快速持久。

4 万能除锈剂

万能除锈剂渗透力强，可以有效松脱锈死机件，除去金属物品表面锈蚀。使用后可使机件表面无锈迹，此外还有防湿、防锈、清洁等多重功能。

5 轮毂清洗剂

轮毂清洗剂含金属缓冲剂，它能轻松清洗轮毂上的脏物，恢复其光泽，还能防止轮毂的腐蚀。可用于各种轮毂（包括铝合金轮毂）的清洗。

6 铝合金轮毂靓丽保护剂

铝合金轮毂靓丽保护剂具有出色的增光功能，使其具有耀眼的靓丽效果。

7 轮胎增黑光亮剂

轮胎增黑光亮剂具有出色的增光功能，使轮胎具有耀眼的黑亮效果。它能有效防止轮胎等橡胶件的老化、龟裂、变形及褪色，不伤害轮辋、胎圈、轮胎盖。

8 汽车底盘高级保护剂

汽车底盘高级保护剂是将一种特殊的弹性胶质材料喷涂在汽车底盘上，将底盘及轮毂上方完全包裹起来，自然固结后形成底盘保护层，可以降低沙石撞击的损伤，防腐防锈。除此以外，它还能起到较好的隔音作用。

9 防冻型雨刷精

防冻型雨刷精为水基低温型，专用于清洁汽车风窗玻璃、后视镜及车门窗等，具有融雪除冰、强力去污功效，能迅速分解各种油膜、虫胶、树粘、鸟粪等污垢，彻底清洁玻璃表面，保持玻璃透明晶亮。

10 汽车美容黏土

汽车美容黏土能将颗粒污点彻底清洗干净而不伤害到漆面。其使用方法是洗车后一边向车身泼水一边用黏土擦拭车身，此时颗粒污点就会脱落，原本粗糙的漆面马上焕然一新。

11 塑胶护理上光剂

塑胶护理上光剂对塑胶件起抗氧化、抗老化的作用。

12 塑件橡胶润光剂

塑件橡胶润光剂具有防止塑料及橡胶氧化的作用。

13 塑料清洁上光剂

塑料清洁上光剂对塑料件起清洁增光的作用。

14 电镀件除锈保护剂

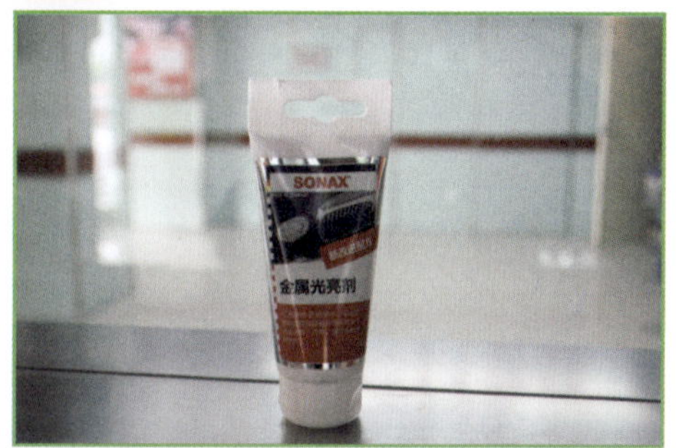

电镀件除锈保护剂采用化学方法除锈，对电镀件起防氧化的保护作用。

15 汽车镀铬抛光剂

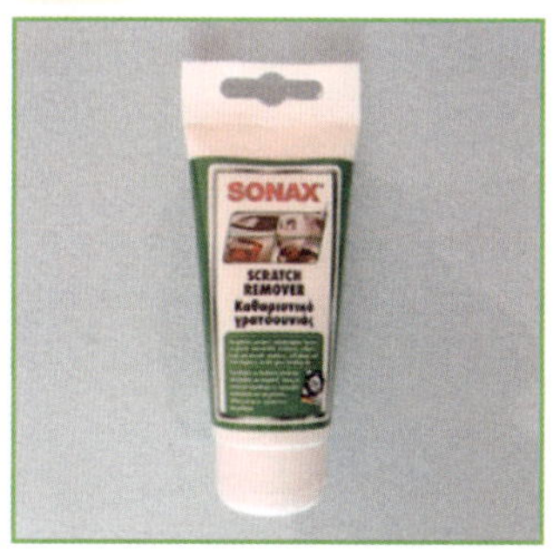

汽车镀铬抛光剂能够使镀铬件形成镜面光泽的镀层，亮度鲜艳。

16 增强型发动机超级保护剂

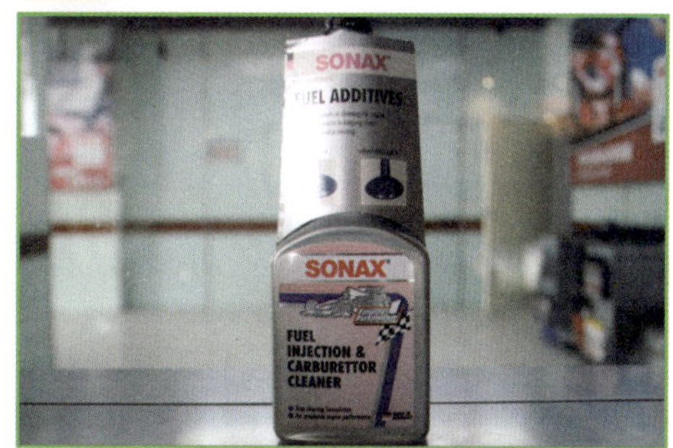

增强型发动机超级保护剂可以增强润滑油的润滑功能，通过抑制油泥、胶质等沉积物生成，能有效减摩、抗磨，提高发动机效率、降低发动机噪声。

17 发动机漆膜保护剂

发动机漆膜保护剂具有抗高温的作用，防止漆膜沉积物生成，为发动机提供全面的保护。

18 发动机线路清洗剂

发动机线路清洗剂具有防止线路老化的作用，避免线路老化引起的车辆短路自燃。它能有效修复线路上的细微裂缝，防止漏电，保障车辆电路的工作效率。

4

第四章

汽车外部美容

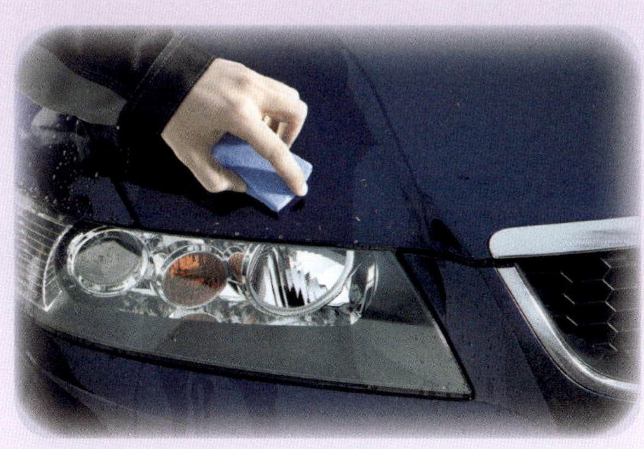

项目十 汽车清洗

一、洗车常识

<table>
<tr><td>1. 洗车的作用</td><td colspan="3">洗车的主要作用是使汽车清洁亮丽、光彩如新，是汽车保养的最基本工作。</td></tr>
<tr><td rowspan="7">2. 洗车频率的判断</td><td colspan="2" rowspan="3">（1）依天气来判断</td><td>1）连续晴天时，大约一周做一次全车清洗工作即可。</td></tr>
<tr><td>2）连续雨天时，只要先向全车喷洒清水，使车上的污物掉落，接下来用湿布或湿毛巾擦拭全车所有的玻璃即可。但当晴天后，应全车清洗一番。</td></tr>
<tr><td>3）如果遇到忽晴忽雨天气，必须常常清洗车身。</td></tr>
<tr><td colspan="2" rowspan="3">（2）依行驶路况来判断</td><td>1）行驶在灰尘较大或泥泞路上。
当行驶在灰尘较大或泥泞路上时，一般车辆都会被污泥溅到或粘在车身上，应立即使用大量清水清洗，以免附着久了伤及漆面。</td></tr>
<tr><td>2）行驶在海岸有露水或有雾区。
行驶在海岸有露水或有雾区时，因海水盐分大且又有露水、雾气湿度大，必须用清水彻底清洗，否则易使车身钣金遭受盐分侵蚀。</td></tr>
<tr><td>3）行驶在山区有露水或有雾区。
行驶在山区有露水或有雾区时，只要在停车后，使用湿毛巾或湿布擦拭即可。</td></tr>
<tr><td colspan="2">（3）特殊情形</td><td>当车停在工地受灰尘或水泥粉波及或行驶中受到粉刷天桥、路灯的油漆、道路上的柏油以及前方载运污泥车所掉的污泥影响时，除应立即用大量清水清洗外，对油漆、柏油类的污染处还应进行打蜡处理。</td></tr>
<tr><td rowspan="5">3. 洗车方法</td><td colspan="3">学习提示
洗车的方法主要有高压水枪洗车、电脑洗车及无水洗车等，以高压水枪洗车和电脑洗车最为常见。</td></tr>
<tr><td rowspan="4">（1）高压水枪洗车</td><td>1）步骤</td><td>高压水枪洗车包括冲车、泡沫清洗、冲洗、擦车四大步骤。</td></tr>
<tr><td rowspan="3">2）注意事项</td><td>① 用水清洗汽车时，注意不要将水喷入锁孔。</td></tr>
<tr><td>② 清洁车身油漆表面时，切勿使用刷子、粗布，避免留下刮伤痕迹。</td></tr>
<tr><td>③ 喷枪水柱与车身保持成45° 且距离车身 15 ~ 60cm，并根据冲洗部位的不同调整喷枪水柱的压力和喷洒形状。</td></tr>
</table>

（续）

3. 洗车方法	（1）高压水枪洗车	2）注意事项	④ 冲水时，禁止边冲洗边擦拭，因为泥沙没有冲掉就擦拭将会刮伤车身漆面。
			⑤ 冲水干净后，再用海绵从上而下擦洗，最后用布擦掉水迹。
	（2）电脑洗车	1）步骤	① 首先对汽车车身进行大致的冲洗。
			② 驾驶车辆进入电脑洗车道，然后将车辆后视镜和天线收起，并把门窗、天窗关好，拉紧驻车制动器（汽车处于静止状态）。
			③ 启动电脑自动洗车控制系统进行自动洗车。
			④ 车辆移入美容工位后，先用大毛巾将全车水珠拖一遍，再用中号毛巾擦去其他细节的水珠。
			⑤ 用压缩空气吹干后完成洗车。
		2）注意事项	① 驾驶车辆进入洗车道，要将汽车准确停放在洗车道中所设计的位置。
			② 在未开始清洗前，应与车主沟通是否要加水蜡一起清洗。因为将洗车和打蜡同时进行时，清洗液中的水蜡在清洗过程中也清洗了各处玻璃，导致下雨天水蜡会附着在玻璃上影响驾驶人的视线，尤其前风窗玻璃，在刮水器的作用下会造成视线模糊。
	（3）无水洗车	1）步骤	**学习提示** 无水洗车分为车身清洗、轮胎清洗、玻璃清洗三部分。
			① 首先用掸子从上到下将浮面尘土、砂粒清除；然后将无水亮洁剂喷在车身上，分段喷抹；接着用一块四方形海绵沿同一方向进行均匀涂抹；最后用干的毛巾在车身上以螺旋方式进行擦拭即可完成车身清洗。
			② 首先用刷子刷掉轮胎上的泥巴及尘土；然后用轮胎清洗剂对着轮胎喷一圈即可完成轮胎清洗。
			③ 将玻璃清洗剂喷在抹布上，然后擦拭汽车玻璃即可完成玻璃清洗。
		2）注意事项	① 清洗玻璃时如产生模糊的现象，用干毛巾擦洗即可。
			② 施工人员手上不能戴有金属饰品，以免损伤车身漆面。

二、洗车施工流程

（一）高压水枪洗车施工流程

1 高压冲车

先用高压水枪将整车冲湿，然后用水枪冲洗车身上的泥沙等污物。冲洗顺序为车顶、机舱盖、车身、行李舱、车裙、轮胎、底盘。整个冲洗过程应当始终由一个方向向另一边的斜下方以赶水的方式进行冲洗，尽量避免正反方向来回冲洗，以免将污物冲回已经冲洗干净的部位。

2 喷泡沫

用泡沫清洗机将清洗剂与水混合变成泡沫，并在高压下将泡沫喷到车身外表，浸润几分钟，依靠泡沫的吸附作用使清洗液充分地渗入车身表面的污垢。

3 擦泡沫

用洗车海绵擦拭车身表面的泡沫，擦拭顺序为顺着水流的方向由上而下，依次为车顶、风窗玻璃、机舱盖、车身、行李舱、车裙。

4 冲泡沫

擦洗完毕待泡沫消失后，再用高压水枪将车身表面泡沫及污水冲洗干净。冲洗顺序同高压冲车一样，但这时应以车顶、上部和中部为重点。

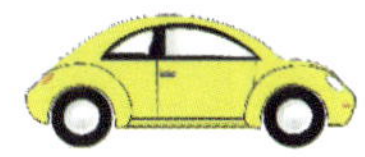

5 清洗轮毂

用洗车海绵蘸泡沫清洗液清洗，然后用轮毂刷清洗轮毂。

用高压水枪冲洗车身

6 擦车并吹干

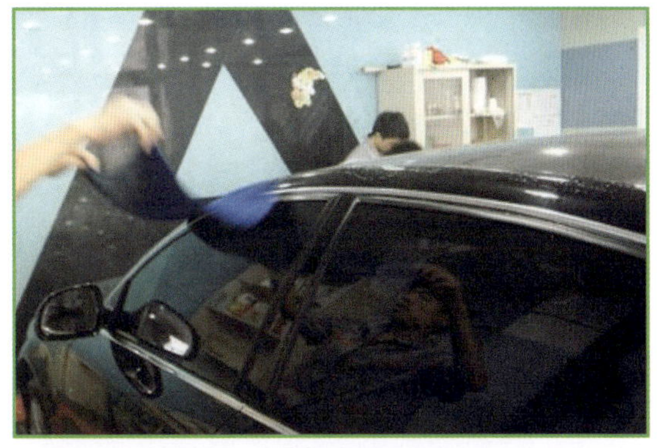

用不脱毛纯棉毛巾沿车前后擦两遍，吸去多余水分，然后擦车门内边、保险杠、机舱盖、行李舱边沿及油箱盖内侧等处的多余水分，用干毛巾擦干前面所留下的水痕。最后用气枪把缝隙和接口处的水分吹干。

（二）电脑洗车施工流程

1 高压冲车

用高压水枪对轮毂及轮胎进行除泥冲洗，为电脑洗车做准备。

2 喷泡沫

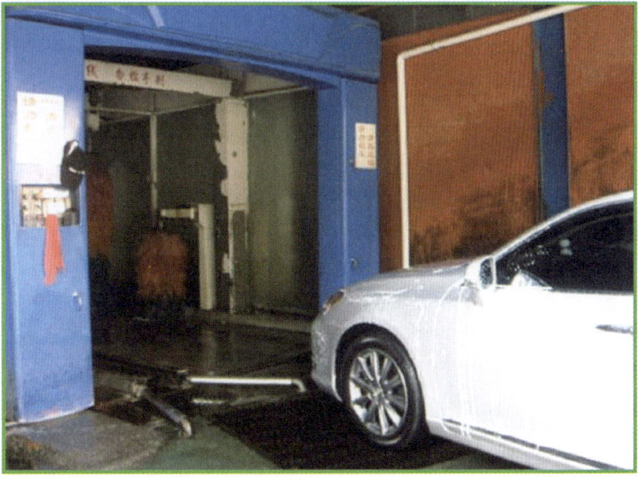

喷泡沫对汽车进行粗略的冲洗。

3 车辆驶入电脑洗车房

操作人员指引车辆驶入电脑洗车机工位。

4 起动电脑洗车机

按下按钮起动电脑洗车机进入自动洗车工作状态。

5 擦干水珠

将车辆移入美容工位后用毛巾将全车水珠擦干。

6 吹干并验车

用压缩空气吹干并验车，完成车身外部清洗。

自动洗车机清洗过程

项目十一 漆面附着物的清除

一、清除沥青及焦油的施工流程

学习提示

当沥青或焦油附着于车身表面时，可以采取以下方法及时清除。

1. 清水刷洗

对于附着时间不长的污物，一般可以刷洗清除。在刷洗时，水温应在常温或常温以下，刷子要用鬃毛刷，以免划伤漆面。

2. 有机溶剂清除

如果刷洗难以清除污迹，可选用有机溶剂，但选用时一定要注意不可选用对面漆产生溶解作用的有机溶剂，如含醇类、苯类的有机溶剂、信那水等。一般可用汽油浸润后，擦拭清除。

3. 焦油去除剂清除

焦油去除剂是汽车美容的常用产品，主要用于沥青及焦油等有机烃类化合物的清洗。使用专用的焦油去除剂，既可有效去除污物，又不会对漆面造成损坏。在沥青和焦油的清除过程中，最好选用专用产品。

4. 抛光机清除

使用抛光机加入适当的研磨剂，亦可有效地去除附着在车表的沥青、焦油等顽渍。

1 将沥青清洗剂用喷雾器均匀喷洒于车体

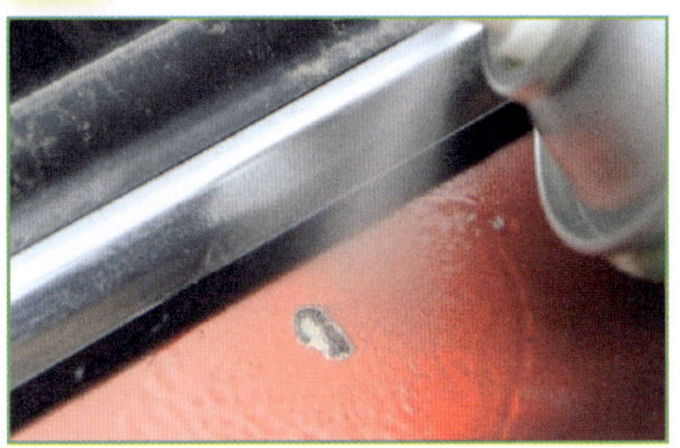

将沥青清洗剂摇晃均匀，喷涂于沥青、焦油的表层。

2 用不脱毛纯棉毛巾擦拭

等待 1~2min，附着在车身上的沥青颗粒软化后，用不脱毛纯棉毛巾将沥青擦掉。最后用高压水枪清洗该处并擦干。

二、清除鸟粪的施工流程

学 习 提 示

鸟粪落在车身上，不仅影响汽车美观，也容易腐蚀车漆，因此应及时清洗。

已干结于车漆表面的鸟粪，用洗车液很难清洗，最好选用专用清洗液即树胶清洗液清洗。

1 将树胶清洗剂用喷雾器均匀喷洒于车体

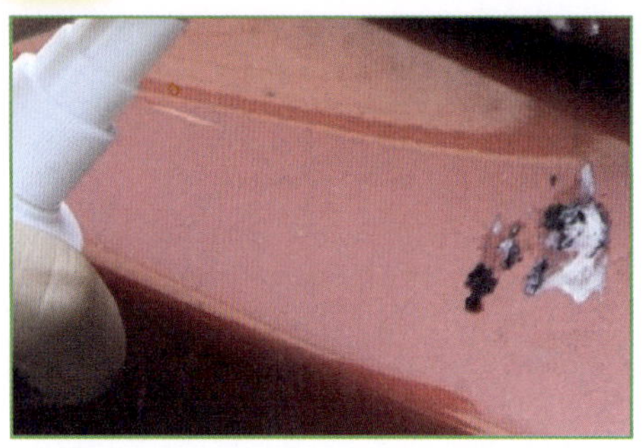

将树胶清洗剂摇晃均匀，喷涂于污物的表层。

2 等待鸟粪软化

等待 1~2min，附着在车身上的鸟粪就会逐渐软化。

3 用不脱毛纯棉毛巾擦拭

用不脱毛纯棉毛巾擦拭干净，随后用清水清洗该处并擦干。

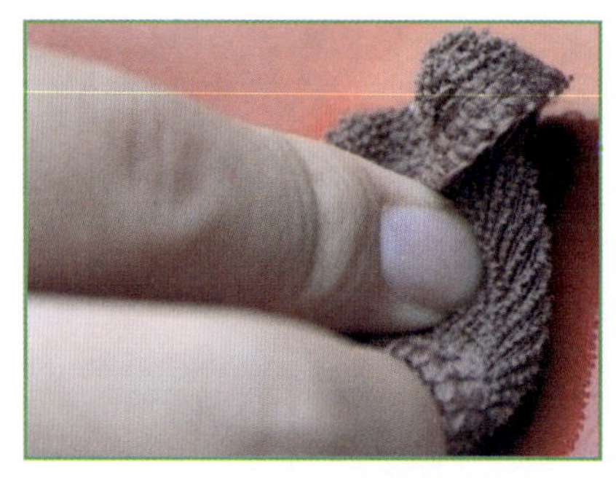

三、清洗树胶的施工流程

学 习 提 示

在树下停车时，树上的胶性物质会滴落在车身表面，很难清洗。应使用树胶清洗剂进行清洗。

1 将树胶清洗剂用喷雾器均匀喷洒于车体

将树胶清洗剂摇晃均匀，喷涂于污物的表层。

2 等待树胶软化

用不脱毛纯棉毛巾擦拭干净。

3 清水清洗

最后用清水清洗该处并擦干即可。

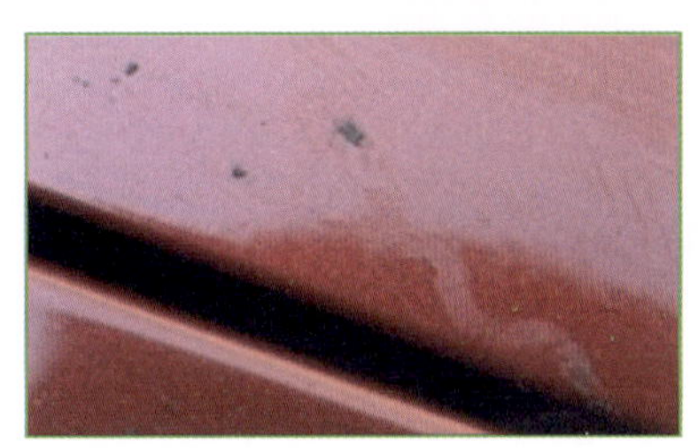

项目十二　打蜡上光

一、车蜡的选用与注意事项

1. 车蜡的选用	（1）根据汽车的行驶环境来选择	由于车辆的运行环境千差万别，受外界污染物侵害的方式、程度也不相同，因而在车蜡的选择上对汽车漆面的保护应该有所侧重。例如，经常行驶在泥泞、山区、尘土等恶劣道路环境中，应选用保护功能较强的硅酮树脂蜡；沿海地区宜选用防盐雾功能较强的车蜡；而化学工业区宜选用防酸雨功能较强的车蜡；多雨地区宜选用防水性能优良的车蜡；光照好的地区宜选用防紫外线、抗高温性能优良的车蜡。
	（2）根据漆面的质量来选择	普通车辆选用普通的珍珠色或金属漆系列车蜡即可；对于中高档轿车，其漆面质量较好，则应选用高档的车蜡。
	（3）根据漆面的新旧程度来选择	新车或新喷漆的车辆，应选用上光蜡，以保持车身的光泽和颜色；对旧车或漆面有漫射光痕的车辆，可选用研磨蜡对其进行抛光处理后，再用上光蜡上光。
	（4）根据季节的不同来选择	夏季一般光照较强，宜选用防高温、防紫外线能力强的车蜡。
	（5）选用车蜡时还必须考虑与车漆颜色相适应	一般深色车漆应选用黑色、红色、绿色系列的车蜡，浅色车漆应选用银色、白色、珍珠色系列的车蜡。

（续）

<table>
<tr><td rowspan="11">2. 打蜡注意事项</td><td colspan="2">学习提示
汽车打蜡的质量好坏，不但同车蜡的品质有关，而且同打蜡的作业方法关系密切，要做到正确打蜡。</td></tr>
<tr><td>（1）掌握好上蜡的频率</td><td>由于车辆行驶的环境与停放场所不同，打蜡的时间间隔也应有所不同。一般通过目视感觉或用手触摸车身，感觉发涩、无光滑感就可再次打蜡。一般有车库并经常在良好道路上行驶的车辆，可每 3 ~ 4 个月打蜡 1 次，否则应 1~2 个月打蜡 1 次。</td></tr>
<tr><td>（2）打蜡前应使用专业洗车液清洗车身</td><td>一定要用专业洗车液清洗车身外表的泥土和灰尘，不能使用洗涤灵或肥皂水。因为洗涤灵或肥皂水含有碱性成分，会侵蚀车身油漆、蜡膜和橡胶体，使其发生氧化，失去光泽。</td></tr>
<tr><td>（3）在打蜡作业中，绝对要防止漆面被刮伤</td><td>打蜡作业中要求操作人员将手表、戒指之类的饰品全部拿下来，以有效防止不小心将漆面刮伤。</td></tr>
<tr><td>（4）应在环境清洁、阴凉且无风沙处给汽车打蜡</td><td>漆面过热或强烈阳光直射时不可打蜡。因为阳光的直射会使车表温度升高，车蜡附着能力下降，影响打蜡效果。如果打蜡场所及周围环境不清洁，沙尘会在车身上附着，不但会影响打蜡质量，而且极易产生划痕。</td></tr>
<tr><td colspan="2">（5）打蜡时，应该用打蜡海绵块按顺序在车体上直线往复进行，不可把蜡液倒在车上乱涂，一次作业要连续完成，不可涂涂停停。</td></tr>
<tr><td colspan="2">（6）抛光作业要在规定时间内进行，切记不要刚打上蜡就抛光，要让车蜡能够在车漆表面有一定的凝固时间，抛光运动应直线往复进行。未抛光的车辆绝不允许上路行驶，否则再进行抛光，易造成漆面划伤。</td></tr>
<tr><td colspan="2">（7）打蜡时，若打蜡海绵上出现与车漆相同的颜色，可能是漆面已经破损。应立即停止打蜡，必须在清除掉褪色和氧化漆后，才能进行打蜡作业。</td></tr>
<tr><td colspan="2">（8）涂蜡时尽量采用柔软的海绵或软质的不脱毛的毛巾或棉布进行均匀涂抹。</td></tr>
<tr><td colspan="2">（9）不要往车窗和风窗玻璃上涂蜡，否则玻璃上形成的油膜很难擦干净。</td></tr>
<tr><td colspan="2">（10）抛光结束后要仔细检查，清除厂牌、标识内空隙及钥匙孔周围、纤细的边缘或转角部分、铁板与铁板之间，橡胶制品的边条缝、车牌、车灯、门边等处残存车蜡，防止产生腐蚀。</td></tr>
<tr><td rowspan="2">3. 上蜡方法</td><td colspan="2">学习提示
上蜡可分为手工上蜡和打蜡机上蜡两种。手工上蜡简单易行，目前美容店使用较多，但打蜡机上蜡效率高。无论是手工上蜡还是打蜡机上蜡，都要保证将蜡在漆面涂布均匀。</td></tr>
<tr><td>（1）手工上蜡</td><td>手工上蜡时应按一定的顺序上蜡。首先将少量的车蜡挤在专用打蜡海绵上，保证每次处理的面积一定，以画小圆圈的方式涂蜡，不可大面积涂抹。打蜡时手的用力要均匀，不必使劲擦，以大拇指和小拇指夹住海绵，以手掌和其余三个手指按住海绵均匀地以环形顺序上蜡。圆圈的轨迹沿车身前后移动，具体顺序是右前发动机舱盖、右前翼子板、右前车门、右后车门、右车顶、右后翼子板、行李舱。左半车身与右半车身顺序相同，蜡膜尽量做到薄而均匀。每道涂布相应与上道涂布区域有 1/5~1/4 的重叠，防止漏涂。</td></tr>
</table>

（续）

<table>
<tr><td rowspan="2">3. 上蜡方法</td><td>（2）打蜡机上蜡</td><td>打蜡机上蜡就是将车蜡涂在打蜡机海绵上，具体涂布过程与手工相似，打蜡机的转速控制在 150~300r/min 之间。
维修注意
当在边、角、棱处上蜡时应避免超出漆面。</td></tr>
<tr><td colspan="2"></td></tr>
<tr><td rowspan="3">4. 抛光方法</td><td colspan="2">当上蜡后 5~10min，蜡表面开始发白，用手背感觉车蜡的干燥程度，刚刚干燥而不粘手时即可进行抛光。抛光可以用手工抛光或抛光机抛光。</td></tr>
<tr><td>（1）手工抛光</td><td>手工抛光就是用布块在车身漆面水平直线运动进行抛光，直到涂面擦亮即可。</td></tr>
<tr><td>（2）抛光机抛光</td><td>抛光机抛光就是将抛光机的转速调至 1000~1500r/min，将抛光机的盘平放在涂面上，然后均衡地向下施加压力即可。</td></tr>
</table>

二、打蜡上光施工流程

1 汽车冲洗

先用高压水枪把汽车表面的沙尘冲掉。

2 擦洗车身

冲洗完成后，用泡沫清洗机喷泡沫，然后再用洗车海绵对车辆进行彻底擦洗。

3 再次冲水

擦洗完成后，用高压水枪将泡沫及污渍冲洗掉，但要控制好高压水枪的压力，以免压力过高伤及车身漆面。

4 吹干车身水珠

用棉毛巾擦干车上水珠，并用气压枪吹干缝隙及其隐蔽部件的水分。操作时左手拿棉毛巾，右手拿风枪，一边吹一边用棉毛巾挡住，以免杂质飞溅到眼睛里。

5 开始打蜡

用打蜡机打蜡并进行抛光处理。如果车身表面的油漆已经褪色或氧化，则必须在清除掉旧的和氧化了的油漆后，才能打蜡。

6 清洁漆表面的蜡末

用棉毛巾小心地把蜡末擦干净。

7 上光处理

用海绵打上光蜡（也称极限蜡）。

8 手工抛光

全车打完后用棉毛巾来回擦拭抛光，使蜡均匀附在车漆上，车表面显出光亮。

9 清除多余蜡

用牙刷把缝隙里的多余蜡小心刷掉，否则容易沾灰尘。

10 验收

经过全面打蜡上光后的车辆应靓丽如新，色泽鲜艳，光亮照人，实体倒影清晰度在 75% 以上即可交车。

手工抛光

项目十三　车身镀膜

一、车身镀膜常识

1. 车身镀膜的定义	车身镀膜就是在传统抛光工艺基础上，用喷枪等工具将以二氧化硅为主要成分的镀膜药剂喷涂于车身表面，然后经过高温烘烤等工序，使之固定于车身表面，从而达到保护车辆漆面，并维持持久光亮度的功效。
2. 车身镀膜的作用	（1）车身镀膜具有防止漆面氧化、老化的作用，它将车漆与空气完全隔绝，能有效防止外界因素导致的车漆氧化、变色等。
	（2）车身镀膜能够大大地提高车漆表面清漆的清澈度，使车漆看上去更加光彩夺目。
	（3）车身镀膜能有效防止酸雨等腐蚀性物质对车漆造成的损害，同时防止车漆褪色。
	（4）车身镀膜具有超强的自洁性和拨水性，不易沾附灰尘、污渍，清洁时只用清水即可达到清洗的效果，使车辆保持高清洁度和光泽度。
	（5）车身镀膜层表面经过氟素处理后具有超强的拨水性，使水落在车体的瞬间收缩成水珠滑落，有效地防止水垢的形成。
3. 车身镀膜产品的鉴定	（1）“看”是否为水溶性的系列性产品，真正的镀膜有 3 种产品，包括“展合剂”“底膜”和“保护膜”，每种产品都有明确的标签标志，而且应为水状产品。假镀膜则只有一种产品，为膏状或乳状产品。
	（2）“闻”是否有刺激性气味。将产品倒一点在手心，然后双手揉搓至手心发热。真正的镀膜产品没有任何气味，而假的镀膜产品则会挥发出刺激性的香味或其他气味。
	（3）“试验”能不能完全溶于水，是鉴别是否是无机物的标准。可以在一个盛有水的杯中滴上一滴镀膜产品，真正的镀膜产品在摇晃后会完全溶解，因为它是由氟素、硅素、纤维素和玻璃素等无机物组成的。假的镀膜产品则会形成乳状的混浊液体或凝结成块，因为它含有油脂成分，而油脂成分是不能溶于水的。
4. 车身镀膜的注意事项	（1）选择晴好的天气进行镀膜施工，有利于镀膜效果的充分保持。
	（2）镀膜之后 3 天之内避免洗车，镀膜剂跟漆面的彻底融合需要一段时间。
	（3）镀膜效果可以保持 1 年左右，期间要定期做镀膜的后期保养。
	（4）镀膜之后的车辆一定要选择正规的洗车点进行洗车。
	（5）镀膜之后，千万别再做打蜡之类的简单漆面护理，那样会使之前的镀膜效果前功尽弃。

二、车身镀膜施工流程

1 汽车冲洗

用高压水枪把附着在车体上的灰尘、沙粒、污垢等冲洗干净。

2 擦洗车身

将专用洗车泡沫喷洒在车身表面，然后用专用海绵从车体上部开始向下擦洗。

3 清洁树胶

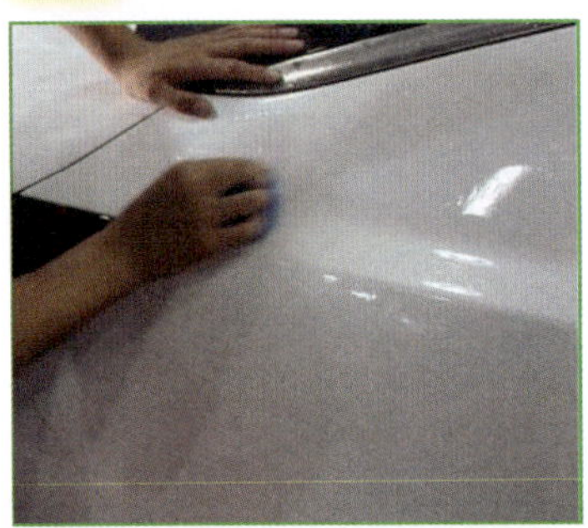

用专用美容黏土或树胶清洗剂清洗干净车身漆面上的树胶。

4 喷洒轮毂及轮胎清洗剂

喷洒轮毂及轮胎清洗剂来将车轮污渍清洗干净。

5 用水冲洗轮毂及轮胎

用喷雾水的方式一边冲洗一边擦洗，将轮毂及轮胎清洗干净。

6 擦洗车身

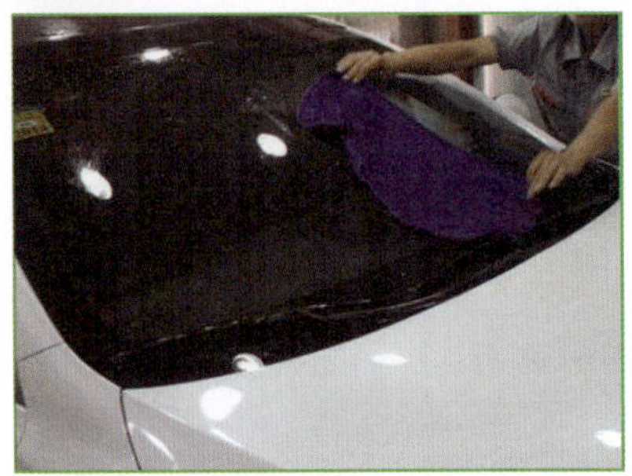

用毛巾将车身表面的水珠吸干。

7　吹干车身水分

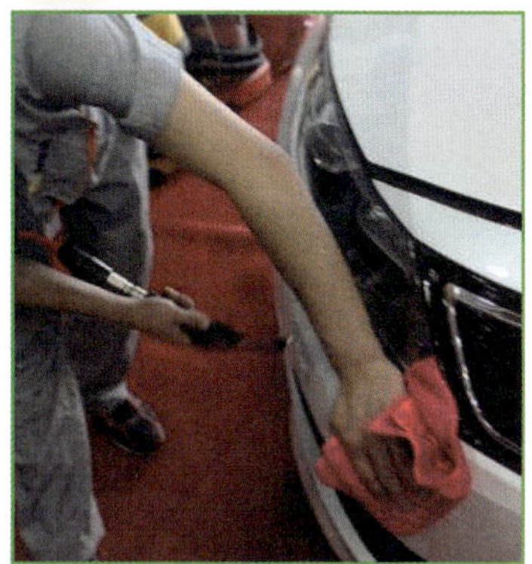

用高压风枪吹干车身细缝里的水分。

8　喷涂第一遍镀膜药剂

将 3~4 滴镀膜药剂滴在海绵上，然后纵横交错涂抹均匀。

9　喷涂第二遍镀膜药剂

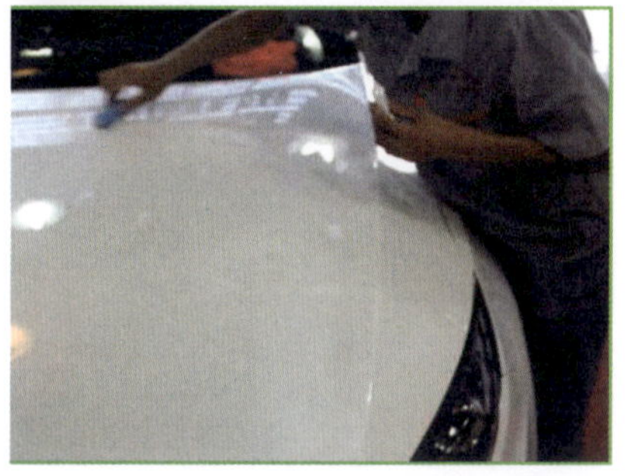

将 3~4 滴镀膜药剂滴在另一块海绵上，然后再涂抹一层加强膜层。

10　红外烤灯烤镀膜层

用红外烤灯烤镀膜层，使镀膜层快速硬化并固定于车身表面。

11　检查验车

将车辆移出施工工位，检查确认是否留有擦拭痕迹或擦拭得不彻底、不干净的地方，如果发现残留物质，则应处理干净，即可完成车身镀膜。

知识链接

车身镀膜的验收标准如下：

（1）亮度

查看漆面犹如陶瓷光泽，晶莹剔透。

（2）手感与滑度

感触漆面应光泽润滑，似液体玻璃，手感清凉如丝。

（3）车身表面

观察车身表面，无新的残损部位，无明暗不均、漏镀等，表明车身镀膜符合标准。

车身镀膜

项目十四 封釉护理

一、封釉的定义与注意事项

1. 定义	所谓封釉就是通过专用的机器将车辆保护剂压入车漆内部形成网状的保护层，保护层让车辆表面如同陶器表面一般。经过封釉处理后可以让车辆防紫外线的辐射、防酸碱的侵蚀、防风沙的吹打，保护车漆不被氧化造成褪色，另外釉面还可防火、防油污及轻度硬物的刮擦。
2. 注意事项	（1）封釉 8h 后才允许用水冲洗汽车，因为在这段时间内，釉层未完全凝结还将继续渗透，冲洗将会冲掉未凝结的釉。
	（2）做完封釉后尽量避免洗车，因为封釉可防静电，所以一般灰尘用干净柔软的布条擦去即可。
	（3）封釉后不要再打蜡，因为蜡层可能会粘附在釉层表面，再追加上釉时会因蜡层的隔离而影响封釉效果。
	（4）有的美容店封釉时用烤灯烤漆封釉，但如果掌握不好时间和距离，用烤灯烘烤漆面时，不等漆面软化，附着在漆面上的釉就先烤干了，封釉效果反而不好。
	（5）漆面封釉使车漆表面如同罩上一层很强的保护膜，延长漆面寿命，一年之内可以不用打蜡，但是洗车反而会破坏封釉，所以最好不要到电脑洗车房洗车。洗车时不要用碱性洗涤剂清洗，要用中性洗涤剂清洗，否则会破坏封釉效果。
	（6）封釉时一定要选择优质釉。

二、封釉施工流程

学习提示

封釉的施工流程大致分为精细洗车、车漆抛光、车漆镜面还原、上釉、抛釉这五个步骤。

1 检查车身及洗车

首先检查车身有无掉漆、凹点等现象，并请车主确认。然后用高压水枪清洗车身的沙石、泥土、灰尘。再使用洗车液将污垢清洗干净。

2 擦车

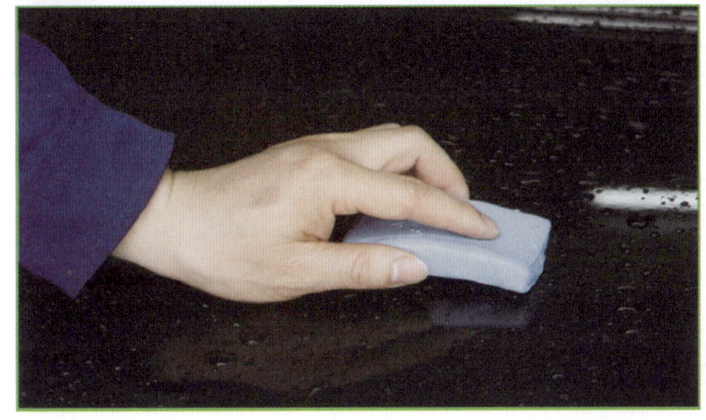

用水浇湿车身，用洗车泥在车身上慢慢擦动，将漆面粘附的铁粉、顽固污渍清除干净，防止抛光时损坏漆面。洗车泥表面弄脏后，应将脏面揉搓到内部，以保持洗车泥表面干净。

3 贴美纹胶

将车洗好擦干后，用美纹纸胶带把车身上所有橡胶、塑料、金属部件以及车标和字母等保护起来，避免抛光时被抛光机抛花。

4 漆面抛光

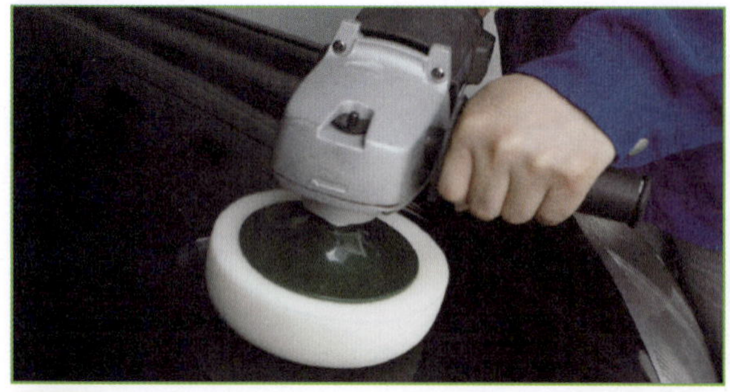

选用适合的研磨剂对漆面进行抛光，新车直接用镜面处理剂抛光一遍即可封釉；在用车根据车漆的新旧程度、受损程度，搭配粗切、中切或细切研磨剂使用，最后用镜面处理剂处理。抛光前先将羊毛盘或海绵轮浸湿，空转几秒钟将多余的水分甩干。抛光机转速为1500~2500r/min。

5 冲洗

抛光后车身表面会有残留的研磨剂或抛光后留下来的粉末，再用清水冲洗一遍，将车擦干。

6 开始封釉

将釉剂充分摇匀后倒适量釉于车漆表面，面积约 $30cm^2$ 即可。

7 进行封釉

用振抛封釉机横竖来回封三遍，按顺序进行直至整车封釉完毕。封釉机转速为 1000~2000r/min，每次封釉用一瓶釉剂。

8 全车清洁

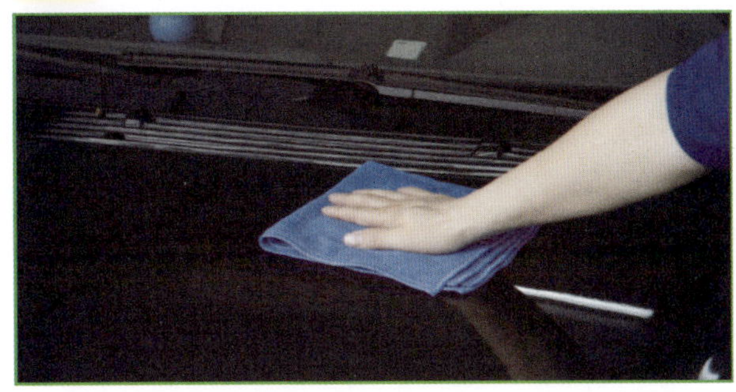

整车封釉完后即可从头开始用柔软的超细纤维毛巾将车身、边角缝隙处多余的釉剂擦净，将美纹纸胶带撕下，对全车进行检查，确认好后交车。

知识链接

车身封釉的验收标准如下：

（1）亮度

查看漆面犹如陶瓷光泽，镜面光泽度应在80%~90%。

（2）手感与滑度

感触漆面应感到光泽润滑，似液体玻璃，手感清凉如丝。

（3）车身表面

观察车身表面，无新的残损部位，无固化产品附着、无杂物（柏油、泥物、水珠）残留，则表明车身封釉符合标准。

项目十五 汽车外饰的清洁护理

一、轮胎和轮辋的清洁施工流程

学习提示

（1）轮胎和轮辋清洁的重要性

轮胎和轮辋要定期进行清洁保护处理，从而有效去除轮胎和轮辋上的顽固污垢及由制动片飞溅出的金属屑，令轮辋光亮如新。此外，清洁保护处理可以有效防止空气、水和腐蚀性物质对其表面产生的化学作用而引起的氧化锈蚀。

（2）轮胎和轮辋的清洁材料

轮胎和轮辋的清洁材料主要有轮胎清洁剂、铝合金轮辋清洁剂、轮胎保护剂（光亮剂）和铝合金光亮剂。

1 高压清洗

用高压洗车机冲洗轮胎、轮辋外表以及挡泥板内侧的泥沙和尘土，然后用毛巾擦拭，去除沾附的浮土。

2 喷涂轮胎清洁剂

将轮胎清洁剂摇匀，在距离轮胎 15cm 处以打圈的方式喷涂在轮胎表面上，停留 1 ~ 2min 后再用毛巾擦拭。

3 清洁轮辋

将铝合金轮辋清洗剂均匀喷于轮辋表面，等待 2~3min 后改用柔软的毛刷子或海绵擦拭以免损伤金属表面，注意轮辋的叶片、辐条之间不要有遗漏之处。

4 再次冲洗

轮胎和轮辋清洁后，用高压洗车机再次冲洗一遍，将制动片粉末冲干净。最后用压缩空气吹干。

5 喷涂光亮剂

分别喷涂轮胎保护剂以及铝合金光亮剂可使外表焕然一新，并且能保持轮胎的柔软和延缓老化。

6 检查效果

喷涂光亮剂不需要清洗也不需要擦干，自然风干即可。如果用毛巾擦拭，则会降低轮胎增黑上光及轮辋光亮效果。

二、电镀件的美容护理施工流程

学习提示

汽车外部有许多部件如保险杠、车标、发动机通风栅格、后视镜架、车身装饰条、拉杆天线等均采用电镀件。

1 清洁车身金属表面

对车身金属表面进行彻底清洗，然后擦干。

2 喷涂镀铬抛光剂

轻轻将镀铬抛光剂摇晃均匀。用纯棉软布蘸少许镀铬抛光剂，对需要抛光的部位进行反复擦拭，直至表面重现光泽为止。

3 冲洗金属表面

用清水冲洗干净金属表面即可。

三、汽车玻璃的清洁护理施工流程

学习提示

玻璃清洁用品主要有玻璃清洁剂与风窗玻璃抛光剂。玻璃清洁剂主要用于全车玻璃和后视镜的预处理，可以有效去除表面尘污；风窗玻璃抛光剂兼具上光抛光作用，不但可以增亮，使玻璃表面洁净、光滑，还有防止灰尘二次沉降的作用，同时也可减少刮水器擦痕。

1 清洁汽车玻璃

用洗车液将玻璃上附着的沙砾、尘土等污物清洁干净；用塑料或橡胶刮刀去除玻璃上粘附的污斑、昆虫和沥青、口香糖或透明胶的残痕等污物；用 1500~2000 号旧的水砂纸的背面就着肥皂水细心研磨，去除玻璃表面上的顽固性污物，如油漆污点、鸟粪等。

2 喷涂玻璃清洁剂

用海绵蘸上适量玻璃清洁剂，均匀地擦拭玻璃的内外表面。

3 擦拭玻璃清洁剂

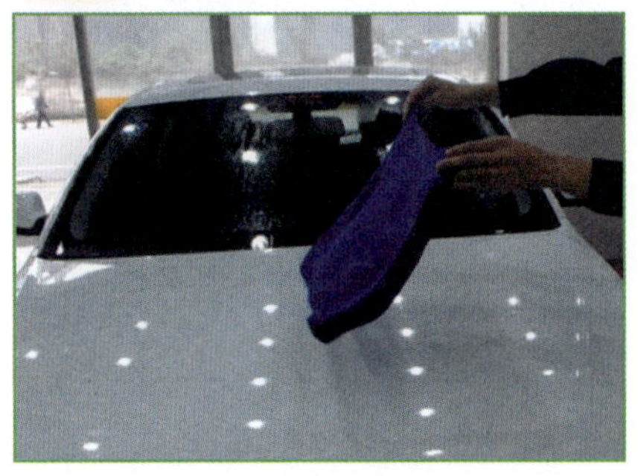

静置一段时间，待已擦抹的表面变白后，再用干净柔软的棉布擦拭，可除去表面尘污。

项目十六 汽车风窗玻璃炸点的修补

一、风窗玻璃炸点的修补常识

1. 风窗玻璃的损坏特点	风窗玻璃是一种双层胶合玻璃，受到外力的撞击时，如果力度不足以让它破碎而只产生裂痕，中间的胶合层就会因空气进入和大气压力的作用而分离。如果继续行驶，裂缝面积会越扩越大，影响视线及行车安全。
2. 风窗玻璃的修补方法	风窗玻璃的修补主要是在裂缝中填补液态胶质，消除缝隙。填补玻璃所用的材料是一种透明度很高的液态胶质，靠紫外线加热可迅速凝固，强度可达原玻璃的 90% 。

二、风窗玻璃炸点的修补施工流程

1　使用微型钻机在裂痕的中间钻一个小孔

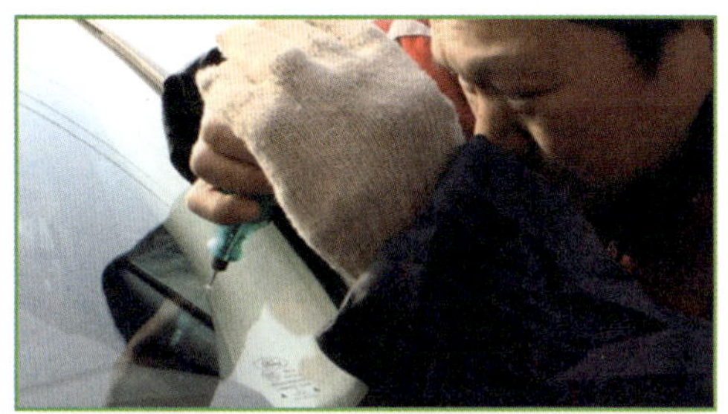

用微型钻机在裂痕的中间钻一个小孔，用于排空里面的空气和注入修复材料。

2　安装三角吸盘

将三角吸盘安装到风窗玻璃上，并且将钻的小孔对准三角吸盘中间以便安装注射器。

3　安装注胶器到三角吸盘

注胶器主要是用来从玻璃内部将空气抽出，并注入修复用的胶水。

4　使用毛巾遮挡阳光

注入胶水时使用毛巾遮挡阳光，防止在没注胶之前胶水就变成固体。

5　用塑料贴片压平注胶的位置

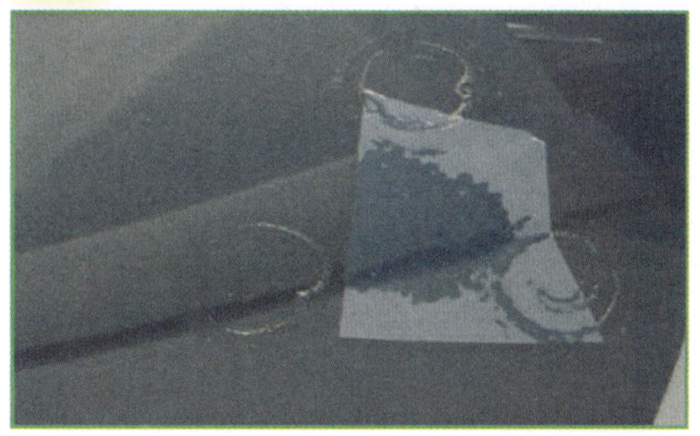

胶水注入完毕后，用一块塑料贴片压平注胶的位置。如果阳光充足，可直接在阳光底下晒一晒将胶水固定；如果是阴天，可在旁边固定一盏紫外线灯，对胶体进行固化。

6　用小刀将多余的胶刮掉

胶水完全固定后，将塑料贴片撕下，再用小刀将多余的胶刮掉，然后进行抛光即可。

知识链接

其他玻璃炸点的消除与风窗玻璃炸点的消除操作方法相似，内容如下：

首先要用专用的玻璃清洁剂清洗炸点、清理碎屑，然后再用微型钻机在裂痕的中间钻一个小孔，清洗钻孔并去除渣滓后用吹风机吹干。安装三角吸盘向玻璃夹层内注射适量的专用玻璃修补液，使用专用的真空加压工具使玻璃补充液填充炸点的所有缝隙和缺损处。用专门设计的紫外线烤灯将玻璃补充液烘干后，再反复研磨，便可将炸点完全消除，为使修补后的炸点与玻璃的完整部分一致，可在炸点上涂上一层特制玻璃防护液并抛光擦亮即可。

项目十七 汽车风窗玻璃划痕的修复

一、风窗玻璃划痕的特点

风窗玻璃划痕是指由于外力作用使风窗玻璃表面造成损伤但还未构成开裂的现象。常见的风窗玻璃划痕是刮水片在运动过程中带动风窗玻璃上的沙尘运动而在风窗玻璃表面留下的痕迹。

二、风窗玻璃划痕的修复施工流程

风窗玻璃上的划痕修复可以通过玻璃抛光粉研磨去除，但限于面积小的浅划痕，而且最好不要在主视线范围内。下面分别以前、后风窗玻璃为例，说明风窗玻璃划痕施工流程。

1. 前风窗玻璃划痕的修复施工

1 进行研磨划痕

首先将前风窗玻璃划痕处清洁干净，然后用毛巾对划痕周围做好防护，最后使用玻璃抛光粉研磨划痕。

2 清洁残余玻璃抛光粉

将汽车上的残余玻璃抛光粉清洁干净。如有必要，可以使用玻璃抛光剂进行抛光，使其恢复光泽。

2. 后风窗玻璃划痕的修复施工

1 进行研磨划痕

首先将后风窗玻璃划痕处清洁干净，然后用毛巾对划痕周围做好防护，最后使用玻璃抛光粉研磨划痕。

2 清洁残余玻璃抛光粉后效果

将汽车上的残余玻璃抛光粉清洁干净。如有必要，可以使用玻璃抛光剂进行抛光，使其恢复光泽。

5

第五章

汽车内部美容

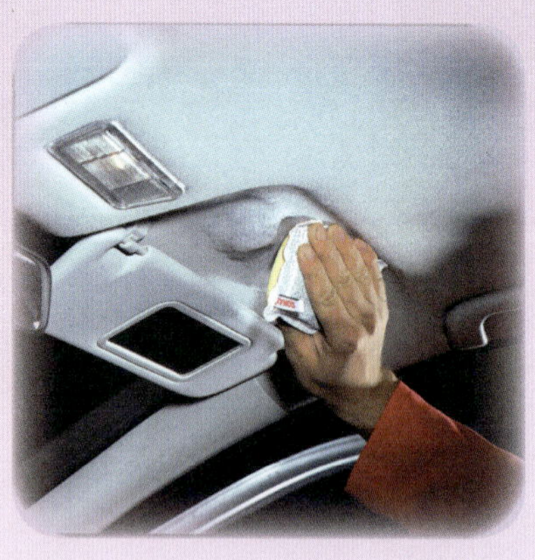

项目十八 汽车车室美容

一、汽车车室美容常识

<table>
<tr><td rowspan="2">1. 汽车车室污垢的种类与形成</td><td colspan="2">（1）污垢可分为水溶性污垢、非水溶性固体污垢和油脂性污垢三类。
1）水溶性污垢有糖浆、果汁中的有机酸、盐、血液及有黏性的液体等。
2）非水溶性固体污垢有泥、沙、金属粉末、铁锈等。
3）油脂性污垢有润滑油、漆类产品、油彩、沥青及食物油等。</td></tr>
<tr><td colspan="2">（2）污垢的形成包括粘附、渗透和凝结三种状态。
1）粘附：污垢会在重力作用下停落或粘附在物件的表面。当有压力或摩擦力产生时，污垢也会渗透物件的表层，变得难以去除，如汽车玻璃及仪表台上的灰尘。
2）渗透：饮料或污水会渗透物件的表面，被物件所吸收，以致很难清除，如车门内饰板、脚垫上的饮料或血渍等。
3）凝结：黏性污垢变干凝固后，会紧紧粘贴在物件表面，如汽车内饰丝绒、脚垫或地毯表面的轻油类污垢。</td></tr>
<tr><td rowspan="6">2. 去除污垢的方法</td><td rowspan="4">（1）有效清洗污渍的方法</td><td>1）用大量的水冲洗可除去水溶性污垢，但不能去除油脂性污垢和水冲洗不到的内部部件上的水溶性污垢。</td></tr>
<tr><td>2）用高温蒸汽去除极难清洗的污垢，但在清洗之前应先软化，为手工清洁部件上的污渍做好准备。</td></tr>
<tr><td>3）用专业清洁剂能除去轻油脂及重油脂类污垢，帮助水分渗入内饰丝绒化纤制品。</td></tr>
<tr><td>4）用外力刷洗车室内有污垢的部位有助于去除污垢。</td></tr>
<tr><td rowspan="2">（2）清洗分类</td><td>1）机器清洗：
机器清洗就是使用内饰蒸汽清洗机，配合多功能强力清洁剂清洗。蒸汽清洗机可以清除内饰部件上很难清洗的污渍，它利用温度极高的热蒸汽软化污渍，可用于丝绒、化纤、塑料、皮革等几乎所有车室部件的清洗。机器清洗操作起来比较方便省事，操作时应根据不同材料的部件选择不同的温度，以免损伤部件，并用半湿性毛巾包裹适合内饰结构的蒸汽喷头。</td></tr>
<tr><td>2）手工清洗：
手工清洗就是借助合适的清洗护理产品清洗。一般来说，清洗剂应使用负离子纯净水作为溶剂，采用 pH 值平衡配方。高效的去污配方主要由非离子活性剂、油脂性溶解剂、泡沫稳定剂和香料等组成，能迅速去除车室内饰表面的尘垢和各种污渍。</td></tr>
</table>

二、汽车车室美容施工流程

学习提示

汽车车室中的顶篷、仪表台、座椅、地毯等，都经常接触潮湿的空气或水渍，并且汽车座椅还是车主身体接触最多的部件，所以在特定的环境中，这些地方最易令细菌滋生，使车室霉变，散发刺鼻的气味，因此要及时对车室进行清洗。

1 拆移饰品

将座套、凉垫、头枕等汽车装饰品拆下来，装进无尘口袋保管。

2 遮蔽电气设备

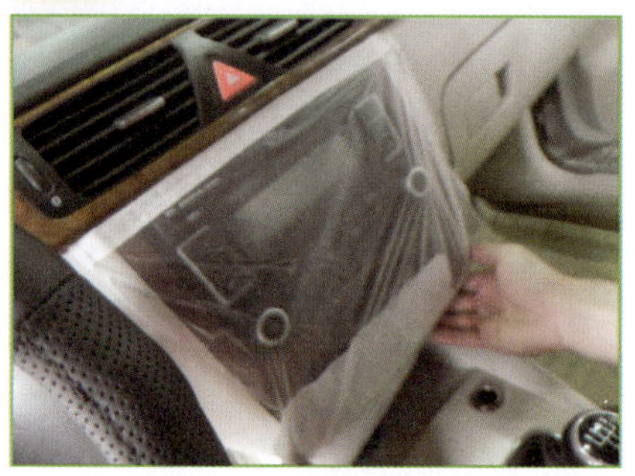

用遮蔽膜将仪表、开关、音箱等电气设备进行遮蔽，避免水分浸入电气设备。

3 清洗顶篷

顶篷的清洗应使用泡沫清洗剂，从前往后，先往顶篷上喷少许泡沫清洗剂、湿润半分钟，然后用干净的刷子进行刷洗，顺其纹路方向擦拭。特别脏的地方可以反复进行。

4 清洗仪表台

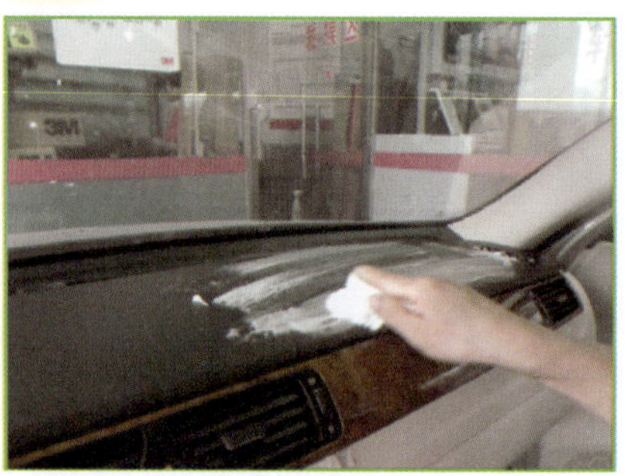

仪表台的清洗首先应做好除尘工作，同时应注意只能使用泡沫清洗剂，仪表台上通常都是一些灰尘和油污，只需喷上一些泡沫清洗剂，然后用软布进行擦洗即可。

5 清洗座椅

喷上泡沫清洗剂稍停留片刻，然后用干净毛巾折叠成方形或握成柱状，用力挤压污处，再从四周向中间仔细擦拭，直到除去污迹。处理干净后用另一块干净的棉布顺绒毛方向抹平，使其恢复本来面目。

6 清洗地毯

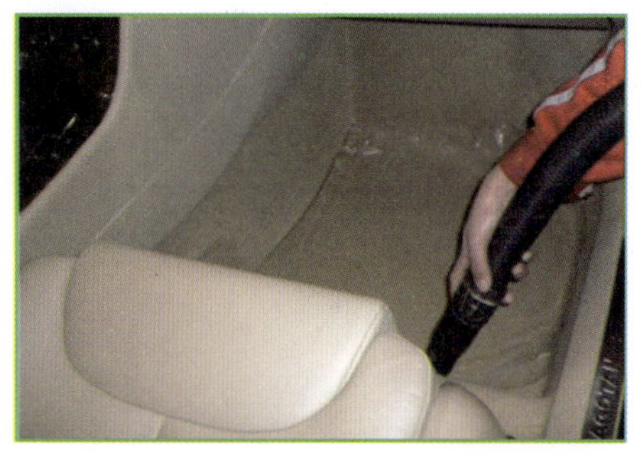

原车地毯有许多是用化纤、丝绒做成的，因此地毯的清洗首先应用配有刷头的吸尘器进行清洁，然后喷上泡沫清洗剂，用毛巾擦拭干净。

7 清洗车门饰板

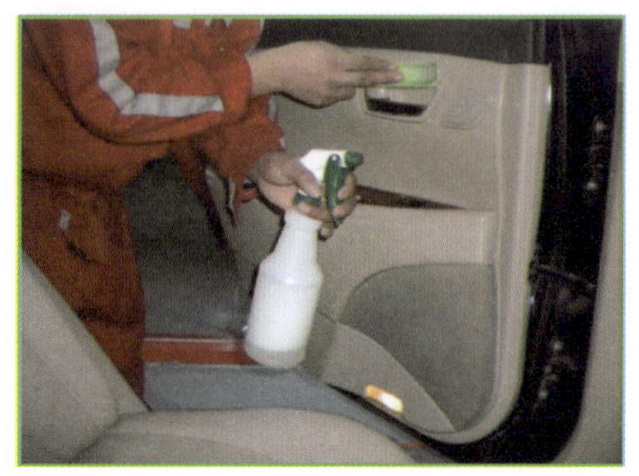

车门饰板的清洁应该从上到下，注重每一个细节，包括门边、门边储物盒、门边上的玻璃升降器开关、后视镜开关，都要用毛巾擦洗，并用吹风机吹干。

8 中控区清洗

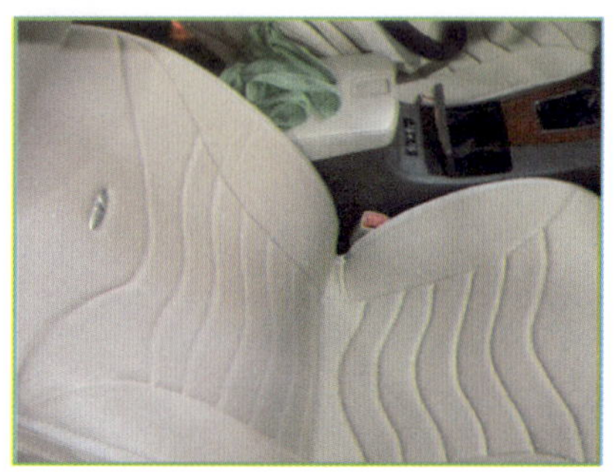

喷上泡沫清洗剂稍停留片刻，然后用干净棉布擦拭干净。

9 清洗玻璃

在车辆行驶中，玻璃表面会沾上很深的交通膜、昆虫迹和厚重的油脂等，与空气接触后，表面会形成一层氧化层，影响驾驶人和乘客的视线，如不及时清洗，有可能会造成更严重的后果，因此要及时对玻璃进行清洗。

10 室内消毒并喷空气清新剂

按照汽车臭氧消毒机操作步骤对室内进行消毒，最后再喷洒空气清新剂。

地毯除尘操作

知识链接

汽车车室美容验收标准如下：

（1）针对车室内空气的验收，主要从嗅觉上来判断，清洁后的室内空气应无异味、臭味，并且空气清新。

（2）针对车室内座椅的验收，主要从视觉上来判断，清洁后的座椅应无灰尘、干净清洁、皮革部位光亮如新，无色差变化。

（3）针对车室内地毯、脚垫的验收，主要从手感上来判断，清洁后的地毯、脚垫用手摸时感觉柔软、舒心、手感好，并且色泽鲜艳、质地均匀。

（4）车室内其他物品如各车窗玻璃清洁后应光滑透明，无水迹、油渍、飞漆等杂物残留；空调出风口处和烟灰缸处均无浮尘、烟灰等。

项目十九　发动机舱美容

一、发动机舱美容常识

1. 发动机舱清洗剂的分类	（1）水质去油剂：该类产品具有安全、无害、成本适中等优点，但去油功能有限。
	（2）石化溶剂型去油剂：该产品具有去油能力强，成本低等优点，但易燃、有害。
	（3）天然溶剂型去油剂：该产品不仅去油功能强，且无害，但成本较高。
2. 常用的设备、工具和材料	常用的设备、工具和材料也较为简单，主要有空气压缩机、高压洗车机、毛巾、海绵和毛刷、发动机外部清洗剂、蓄电池清洗剂、蓄电池接线桩头保护剂、橡胶清洁剂和保护剂、清洁除锈剂等。
3. 发动机舱美容的注意事项	（1）清洁发动机舱前必须用塑料薄膜将发动机的熔丝 / 继电器盒、发电机、汽车控制单元（ECU）、点火线圈、蓄电池等遮罩，以免水分浸入用电器造成损坏。
	（2）在清洗发动机外部时，首先将发动机熄火，使所有电器不工作，在发动机舱温度降低后方可清洗。
	（3）清洗时应使用散射水柱进行冲洗，并且高压水的压力不能过高。
	（4）清洗时注意不要让清洗液流进蓄电池，以免损坏汽车蓄电池。

二、发动机舱美容施工流程

1　防水准备

首先将汽车电器用塑料薄膜遮罩，然后用半湿性毛巾压盖于薄膜上侧，以防高压水冲进电器内，致使汽车难以起动。

2　喷涂清洁剂

喷涂发动机清洁剂到各个部件上，特别脏的地方要多喷清洁剂。

3 高压喷水枪喷洗

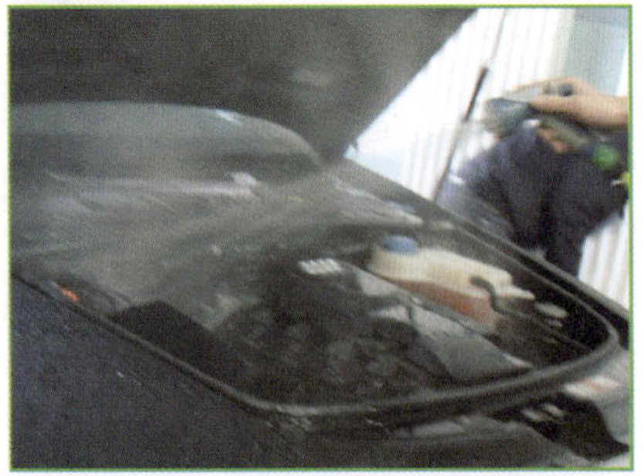

等到发动机清洁剂开始溶解时，打开高压喷水枪喷洗发动机及其脏污处。

4 再次喷涂清洁剂

再次喷涂清洁剂，然后进行刷洗。

5 进行刷洗

用海绵或牙刷仔细地刷洗污垢。

6 擦干净发动机表面水分

恢复拆卸的部分，然后擦干发动机表面的水分。

7 涂抹上光剂

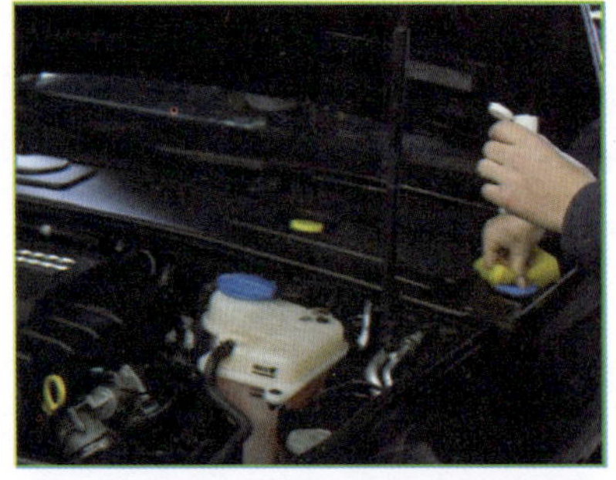

取下遮盖薄膜，并用清洁的布将发动机舱各部彻底擦拭干净，特别是发动机舱盖底面。当各部件彻底干燥之后，方可涂抹上光剂。

8 检查效果

清洗上光后焕然一新，操作完成。

知识链接

发动机舱美容的验收，主要从视觉上来判断，清洁后的发动机舱零部件应无灰尘，无水迹、油渍、飞漆等杂物残留，干净清洁，光彩夺人。

清洗发动机舱

项目二十　汽车内部划痕处理

汽车内部的仪表台及仪表板常常会出现浅显的划痕，它们均可以通过打磨膏来进行修复。

一、仪表台划痕处理

1　在划痕处涂抹打磨膏

2　打磨划痕处

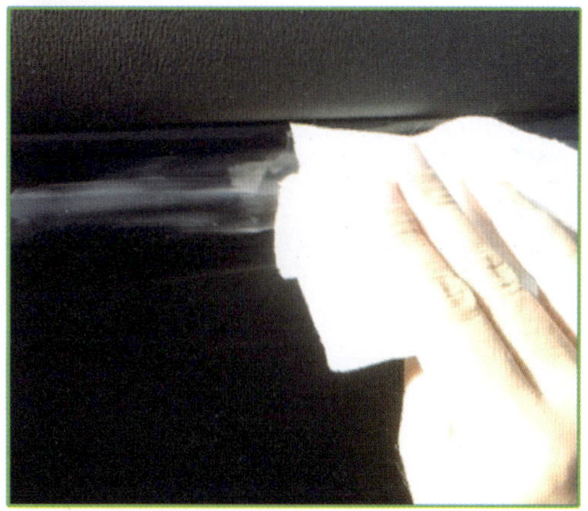

3 用湿布清洁干净残余的打磨膏

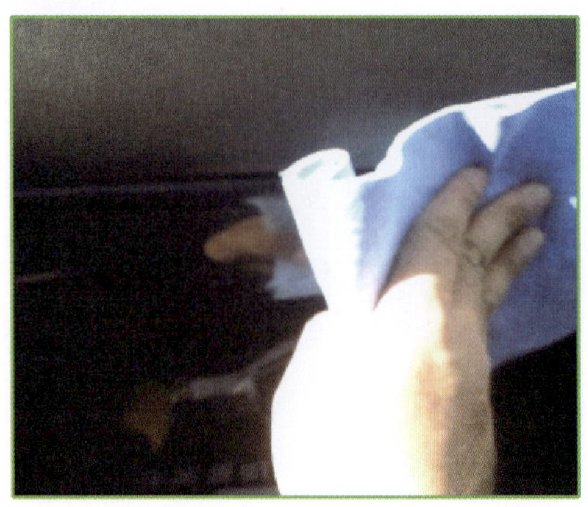

4 修复后应焕然一新

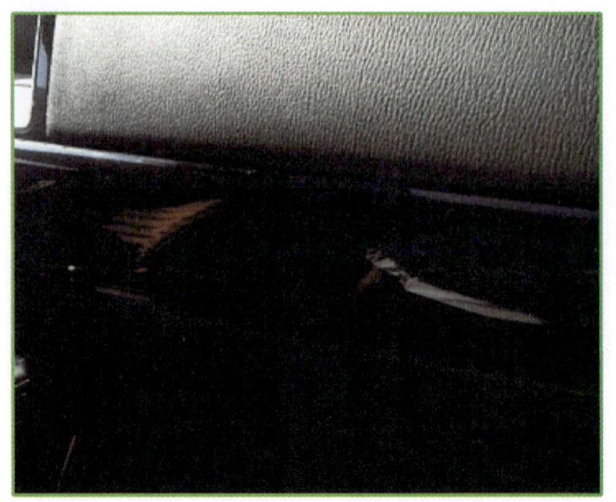

二、仪表板划痕处理

1 拆卸仪表板

2 清洁干净仪表板划痕处

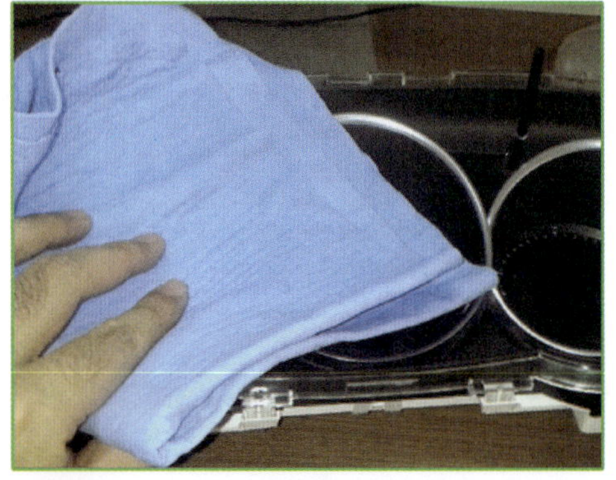

3 在划痕处涂抹打磨膏

4 打磨划痕处

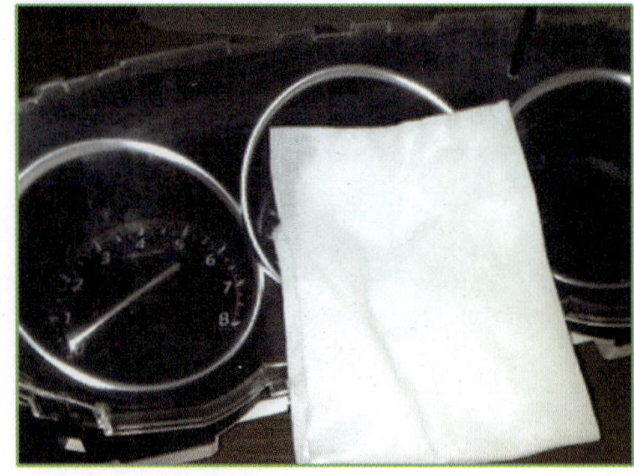

5 修复后应焕然一新

6 重新安装好仪表板

项目二十一 汽车内部除臭

一、汽车内部除臭常识

空调系统是汽车内部细菌和霉菌积聚较多的部位，最关键的是霉菌会随着空调出风直接吹进车内污染室内空气，并且被吸入人体的呼吸道。目前市场上常见的车内杀毒方法有化学杀毒、臭氧杀毒、离子杀毒、空气触媒灭菌等。

（1）化学杀毒主要是用一些消毒剂对汽车进行喷洒和擦拭，通过化学反应的方式达到除去病菌的目的。这种杀毒方法的优点是杀毒彻底迅速，施工简单易行，缺点是对汽车部件有一定程度的损害作用。

（2）臭氧消毒主要是采用一个能迅速产生大量臭氧的汽车专用消毒机进行消毒。臭氧是一种高效的快速杀菌剂，它可以杀灭多种病菌、病毒及微生物。因此，臭氧机制造出来的大量臭氧可以在较短的时间内破坏细菌、病毒和其他微生物的结构，使之失去生存能力。

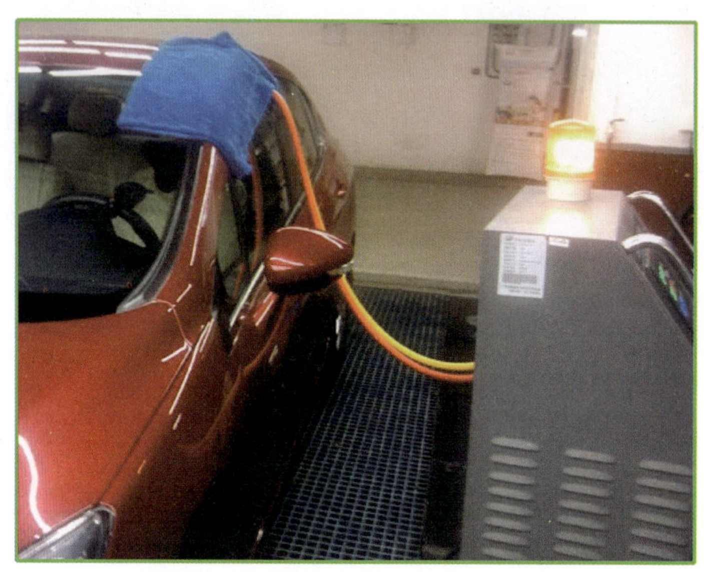

（3）离子杀毒主要是通过购买车载空气净化器释放离子达到车内空气清新的目的，其优点是使用简单，缺点是空气净化过程缓慢，杀毒不彻底。

（4）空气触媒灭菌主要是利用高分子纳米分散机，它通过高压高温等离子装置，把灭菌触媒液体瞬间雾化成上亿个纳米消毒离子，在净化空气的同时，还能吸附于车内织物、皮革、空调风道内，杀灭病毒和细菌，并可分解中和车内的甲醛、甲苯、霉菌、二手烟及宠物异味。

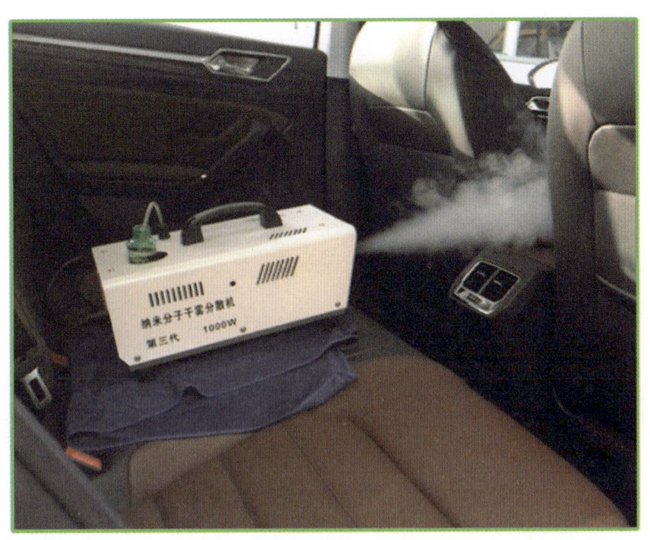

二、汽车内部除臭施工流程

（1）定期清理车室和行李舱，不要把不干净的鞋、湿乎乎的衣服、脏抹布等长期放在车内。杂物箱、烟灰缸等要经常清洁，在车厢内吸烟时要关闭空调并打开车窗。养成习惯把放置在车内的水果或者容易变质的食物随身带走。此外，要定期清洗汽车内部。

（2）如果是从汽车空调里吹出霉味，就需要用专用空调清洁剂，直接从出风口向内喷，即可清除霉垢、去除异味。

（3）清理完毕后，打开所有的车窗并起动鼓风机，让其至少运转 30min 以上。必要时可以将专用除臭剂直接喷洒在车室内，接着开启空调内循环功能，让专用除臭剂在车室内循环即可将臭味消除。

（4）最后使用臭氧进行彻底消毒除臭即可。

6

第六章

汽车车身漆面美容

项目二十二 漆面研磨和抛光

一、漆面研磨和抛光常识

<table>
<tr><td rowspan="4">1. 漆面研磨</td><td>（1）作用</td><td>漆面研磨可以去除漆膜表面氧化层及轻微划痕。漆面研磨需要使用专用的研磨剂，通过研磨抛光机进行作业。</td></tr>
<tr><td rowspan="3">（2）研磨剂的选择</td><td>1）微切研磨剂。微切研磨剂是柔和的研磨剂，研磨时对车漆损伤最小。</td></tr>
<tr><td>2）中切研磨剂。中切研磨剂是较柔和的研磨剂，切割（摩擦）能力适中。</td></tr>
<tr><td>3）深切研磨剂。深切研磨剂是切割（摩擦）能力最强的研磨剂。</td></tr>
<tr><td rowspan="12">2. 漆面抛光</td><td>（1）作用</td><td>漆面抛光可以去除车漆表面经研磨后留下的细微的打磨痕迹。漆面抛光需要使用专用的抛光剂，通过研磨抛光机进行作业。</td></tr>
<tr><td rowspan="11">（2）漆面抛光注意事项</td><td>1）抛光作业可以手工完成。在手工抛光时应注意抛光运动路线，不可胡乱刮擦或作环形运动，应该以车身纵向平行线为准往复运动。每次抛光的面积不要超过 50cm × 50cm。</td></tr>
<tr><td>2）使用抛光机前先检查抛光机转速、抛光轮是否与托盘粘结牢固、螺钉是否上紧、是否对在中心位置。抛光盘要保持清洁，随抛随清理。</td></tr>
<tr><td>3）新盘抛光要湿润，避免干抛。</td></tr>
<tr><td>4）抛光要随时注意温度，特别是塑料件部分。</td></tr>
<tr><td>5）不要在一个点停留太久，以免伤到底漆。</td></tr>
<tr><td>6）研磨剂和抛光剂用量要适中，不要用太多。</td></tr>
<tr><td>7）研磨剂和抛光剂要涂在抛光盘接触面中间。</td></tr>
<tr><td>8）抛光遵循分块施工，从上而下，由左至右，按井字形路线移动的原则。</td></tr>
<tr><td>9）抛光盘与被抛面的倾角应小于 30°。</td></tr>
<tr><td>10）抛光时眼睛要始终观察抛光后的效果和即将抛光的漆面状态。</td></tr>
<tr><td>学习提示
抛光时应根据被抛零件的材料，选用合适的抛光膏。抛光膏由粘合剂与磨料组成，抛光时与零件摩擦所产生的热量，使抛光膏中粘合剂熔化，起到抛光作用。抛光时，把零件压向抛光轮适当部位，其用力大小、抛光时间长短及手的动作，取决于抛光工的实践经验。抛光既用于镀膜前预加工，也用于镀膜后精细加工。</td></tr>
</table>

二、漆面研磨和抛光施工流程

（一）漆面研磨的施工流程

1　清洗车身

使用高压水枪将车身污渍及灰尘清洗干净，然后用棉毛巾擦干水分。

2　上研磨剂

把研磨剂摇匀，倒在海绵研磨盘上少许，用研磨盘在漆面上涂抹均匀，喷少许水（雾状）。

3　研磨操作

调整研磨机转速到1400~1800r/min，起动研磨机，沿车身方向直线来回移动，研磨盘经过的长条轨迹之间覆盖1/3，不漏大面积漆。研磨部位顺序：按右车顶→右前机舱盖→右前翼子板→右前车门→右后车门→右后翼子板→行李舱盖的顺序研磨右半车身，按相反顺序研磨左半车身。研磨车顶时可打开车门，在门边垫毛巾，踩在门边上操作。

4　清洗残留的研磨剂

将车辆开进洗车位，对车身进行彻底清洗，用活性促进剂及清洗液对车身残余的研磨剂进行清洗，车身必须干净，无白点。避免研磨剂干燥后不易洗净，残留于车身。

（二）漆面抛光施工流程

1 清洗车身

首先将前风窗密封起来，然后洗去铁粉与杂质。

2 上抛光剂

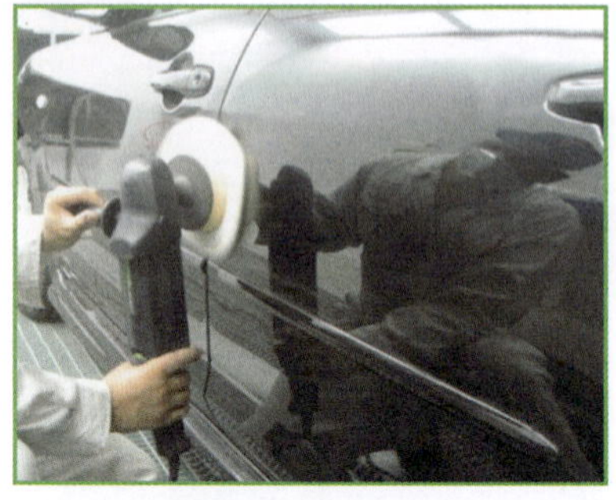

把抛光剂摇匀，倒在海绵抛光盘上少许，用抛光盘在漆面上均匀涂抹。

3 抛光操作

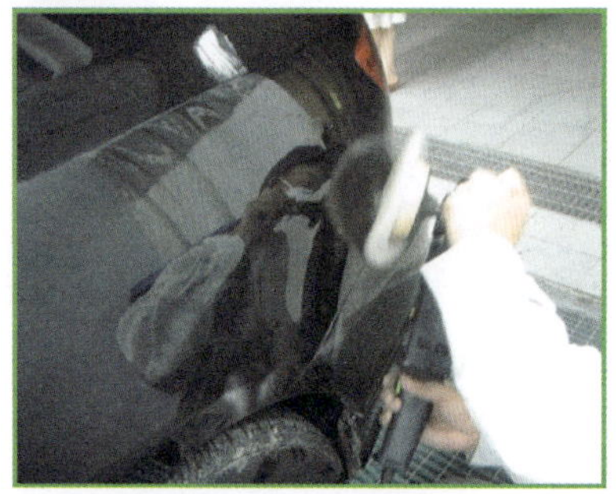

调整研磨抛光机转速到 1800r/min 左右，使抛光机的海绵轮保持与漆面相切，力度适中，速度保持一定。

4 清洗残留的抛光剂

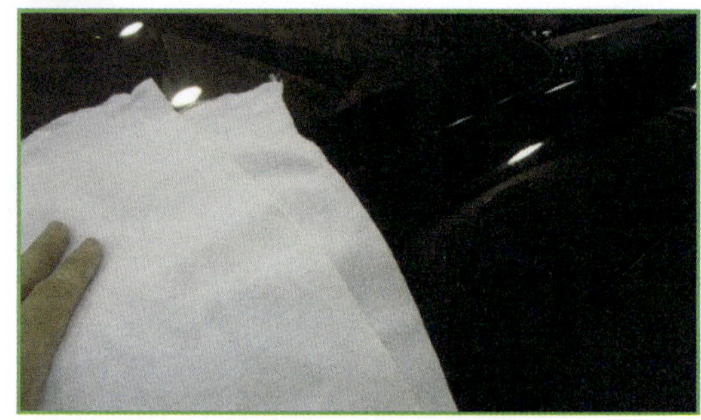

将车辆开进洗车位，对车身进行彻底清洗，防止抛光剂残留，提高车身光亮度。

研磨操作

漆面的抛光操作

项目二十三 漆面失光处理

一、漆面失光处理常识

1. 漆面失光原因的判别	（1）自然老化导致的失光：漆面无明显划痕，用放大镜观察漆面斑点较少，这类失光主要由漆面出现氧化还原反应所致，属于自然老化失光。
	（2）浅划痕导致的失光：漆面分布较多的未伤及底漆的划痕，特别是在强光照射下尤为明显，这类失光主要是由漆表划痕所致。
	（3）透镜效应导致的失光：用放大镜仔细观察漆面，若发现漆表有较多的斑点，则说明漆面受透镜效应侵蚀严重，此类失光多为透镜效应所致。
2. 漆面失光处理的办法	（1）轻度自然老化及浅划痕导致的漆面失光，通常采用抛光方法进行处理。
	（2）严重自然老化及透镜效应引起的失光，要对车身漆面进行涂装翻新。

二、漆面失光处理施工流程

1 车身清洗

使用脱蜡清洗液将车身漆面粉尘、油渍、泥沙及污垢等污物彻底清洗干净。

2 研磨漆面油渍污垢

用美容黏土再次深度处理漆面的油渍污垢。

3 清洁漆面油渍污垢

清洗漆面表层研磨下来的油渍污垢。

4 擦拭车身漆面水分

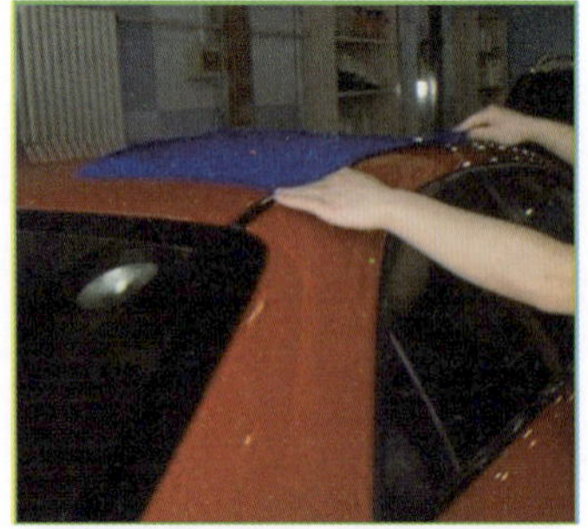

用美容布擦干车身漆面水分。

5 密封金属件和橡胶件

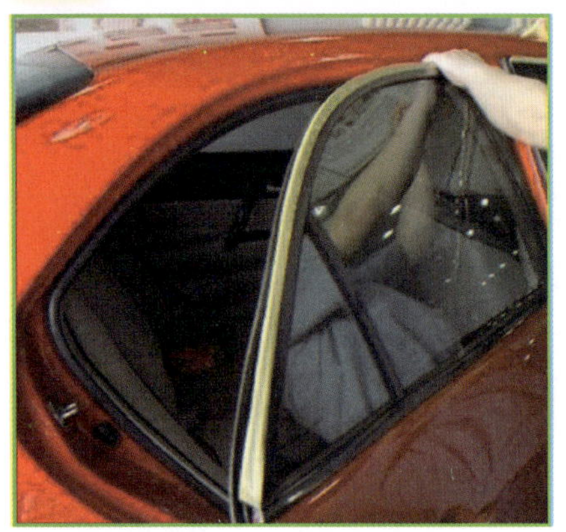

用胶条把车身上所有与漆面相邻的金属件和橡胶件的边缘部分以及诸如车标、字母等都粘贴起来。

6 全车抛光还原

对全车漆面进行抛光还原。

7 清洗漆面抛光还原剂

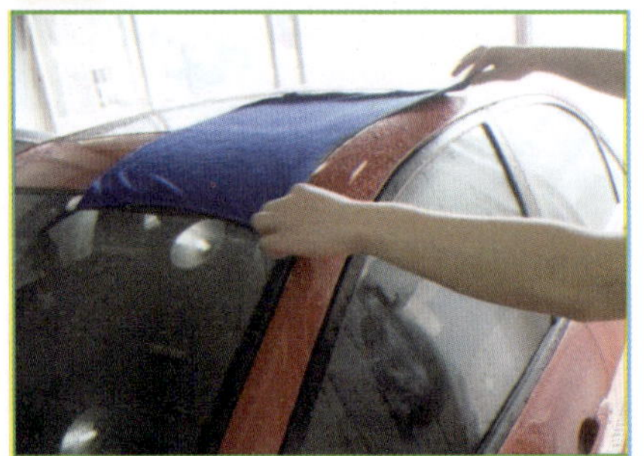

用水清洗车身漆面抛光还原剂，然后擦干。

8 打蜡

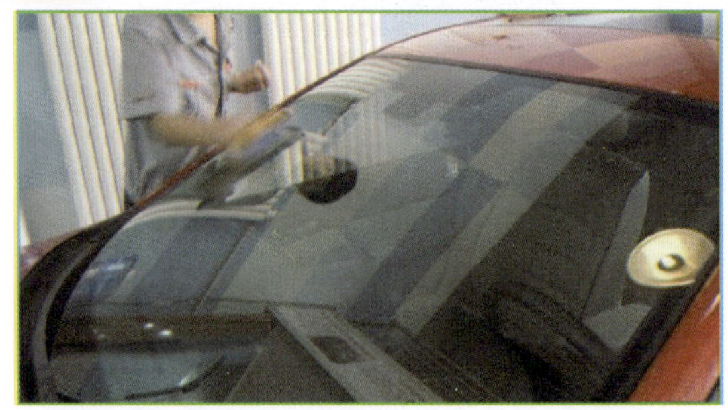

进行打蜡即可恢复车身光滑、亮丽的色泽。

项目二十四　漆面划痕处理

一、漆面划痕处理常识

1. 汽车漆面划痕产生的原因	（1）擦洗不当：在擦洗过程中，若清洗剂、水或擦洗工具（海绵、毛巾等）中有硬质颗粒，则会使漆面产生划痕。
	（2）护理不当：抛光漆面时若选择的打磨盘粒度较大，打磨用力较重或打磨失手，会在漆面表面上留下不同程度的划痕。还有在打蜡时，如蜡的品种选择错误，误把砂蜡用在新车上，就会打出一圈圈的划痕。
	（3）自然因素：汽车在暴风、沙尘天气与"飞沙走石"产生刮擦造成漆面划痕。
	（4）人为因素：汽车在行驶中与其他汽车产生剐擦，与路边树枝产生剐擦，以及在停车场人为不小心剐擦等造成漆面划痕。
2. 汽车漆面划痕的分类	（1）细小刮痕：细小刮痕指表面漆的细小刮伤，划痕未穿过清漆层而是留有刮痕。
	（2）浅度划痕：浅度划痕指表面漆的轻微刮伤，划痕穿过清漆层已伤及色漆层，但色漆层未刮透。
	（3）中度划痕：中度划痕指色漆层已经刮透，但未伤及底漆层。
	（4）深度划痕：深度划痕指底漆层已刮透，可见车身的金属表面。

二、漆面划痕处理施工流程

（一）细小刮痕

1　清洗漆面划痕处

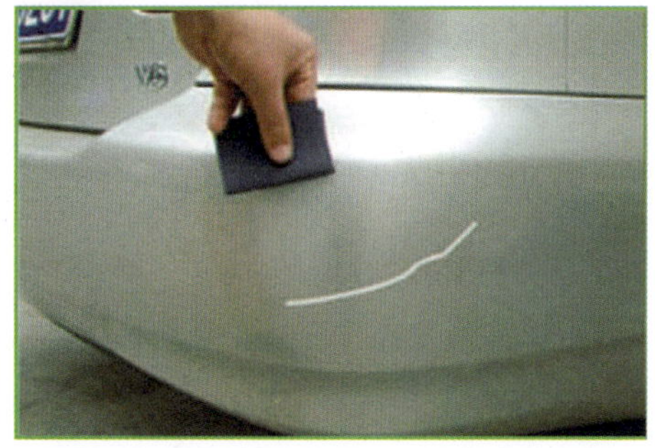

用专用清洁剂或砂纸将划痕处的油污、车蜡及铁锈清洁干净。

2　选择修补笔颜色

参照对色卡颜色，选择与车身相符的修补笔颜色。

3 摇匀漆面修补笔

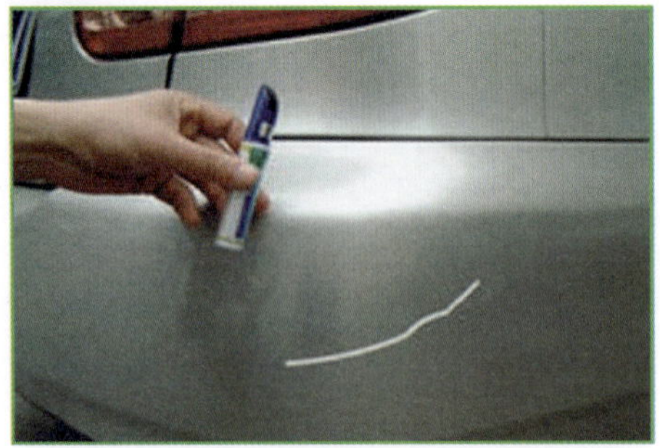

使用前应将漆面修补笔摇匀（上下摇晃40~50次）。

4 上漆

选好刮（划）痕的部位，用漆面修补笔填充，相隔5min反复涂抹，涂抹至高出原车漆平面一部分即可。

5 水研磨

上漆2~3天待漆干燥后，可进行水研磨。将2000号或3000号砂纸浸泡在肥皂水里20~30min，使其变得柔软后，向同一方向进行打磨至与原车漆面平齐为止。

6 上蜡

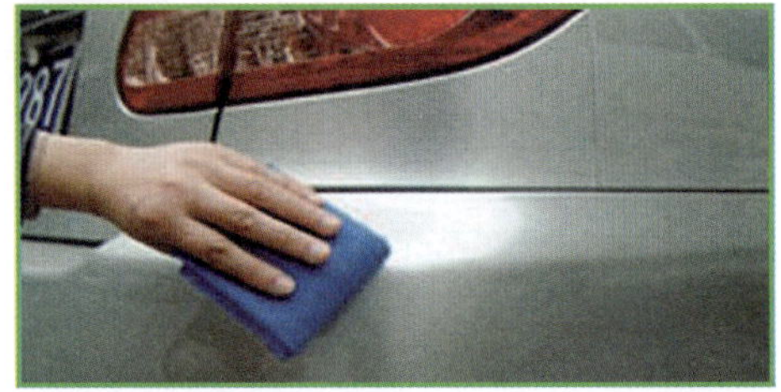

将抛光蜡抹在干布上并沿顺时针方向涂抹在漆面，约一分钟待蜡干燥后，用毛巾或布块沿顺时针方向擦干即可。

（二）浅度划痕

1 清洗漆面划痕处

使用脱蜡清洗剂对刮伤部位进行清洗，然后晾干。

2 打磨

根据刮痕的大小和深度，选用适当的打磨材料，如美容黏土或1500号磨石对刮伤的表面层进行打磨。

3 漆面还原

用一小块无纺布将还原剂均匀涂抹于漆面，然后抛光至漆面层与原来的涂层颜色完全一致为止。

4 上抛光蜡

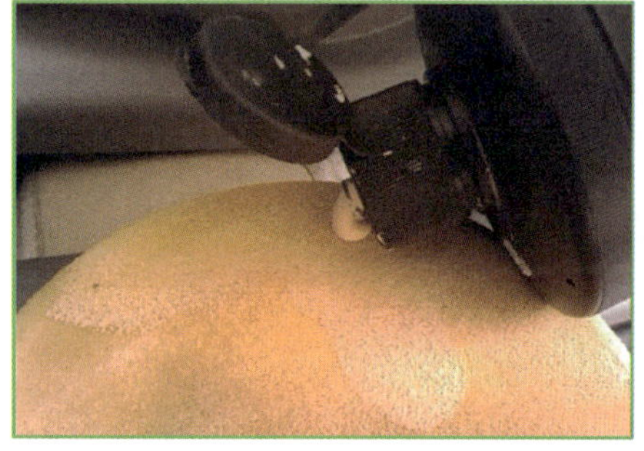

将抛光蜡涂抹在抛光球上。

5 擦拭

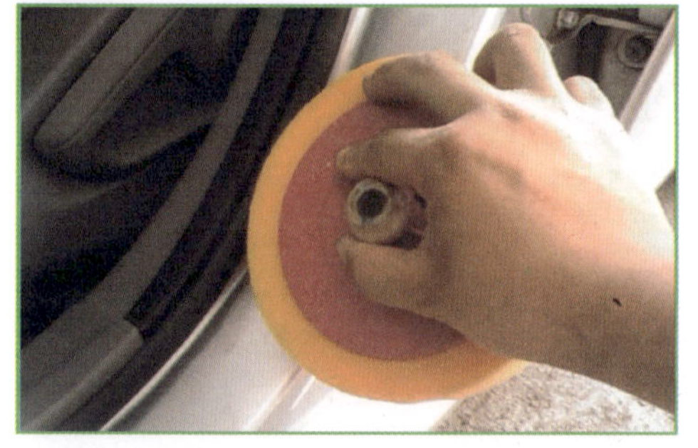

用抛光球在划痕处轻轻地打圈，划痕轻就少用力，划痕深就多用点力。

6 清洁干净

最后用海绵均匀擦拭一遍即可。

（三）中度划痕

1 打磨

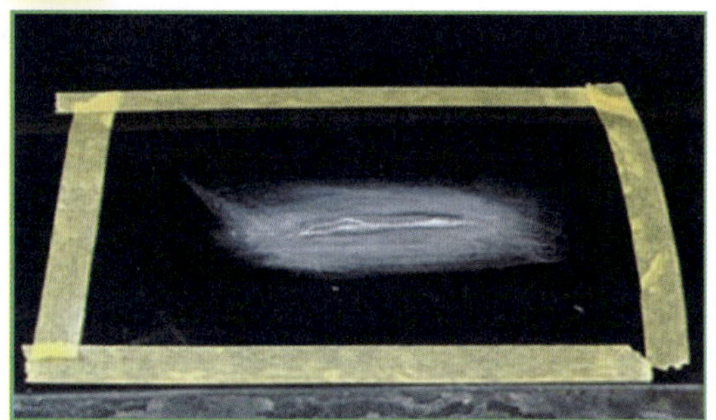

首先对中涂层及面漆层的刮伤部分进行打磨，使之平整、光滑，然后对损伤部位的边缘进行修整，使其边缘不见刮伤的涂层为止，必要时可适当扩大打磨面积。

2 填平划痕

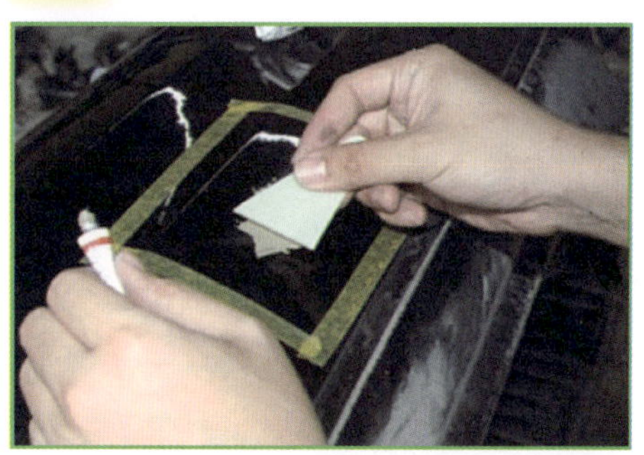

清洁一下打磨的区域，然后使用划痕补土来填平划痕造成的凹陷。每一次填补土都要等上一层补土干后再进行，一般需要填 2~3 层补土。

3 进行水磨

填补层漆面干燥后，用 600 号砂纸对补涂的漆面进行轻轻打磨，磨至补土区域大致平整为止。打磨时需使用平整的木块垫在砂纸背面。

4 进行精磨

再一次对填补层进行水磨，使用 2000 号砂纸，让修补区域更加平整光滑。

5 检查漆面填补层

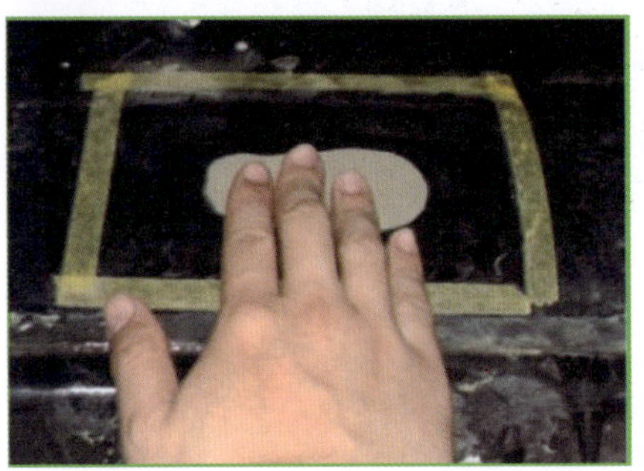

在打磨过程中，要不时用手感觉填补层区域是否平整，边缘是否已磨到与旁边的区域平齐。打磨完成时，应完全感觉不到补土边缘起伏。然后用抹布及压缩空气边擦边吹干净，再进行烘干。

6 开始喷漆

用布清洁干净待喷漆区域便可以开始喷漆。喷漆区域除了填补区域，还有填补周围打磨过的区域，至少需要进行 3~4 次喷漆。

7 喷涂氨基罩光漆

漆喷涂打磨干燥后，应再喷涂一层氨基罩光漆。

8 抛光上蜡

首先用棉布、海绵等浸润抛光剂，进行抛光，然后擦净。最后再涂上光蜡并抛出光泽即可完成。

（四）深度划痕

1 清洁划痕

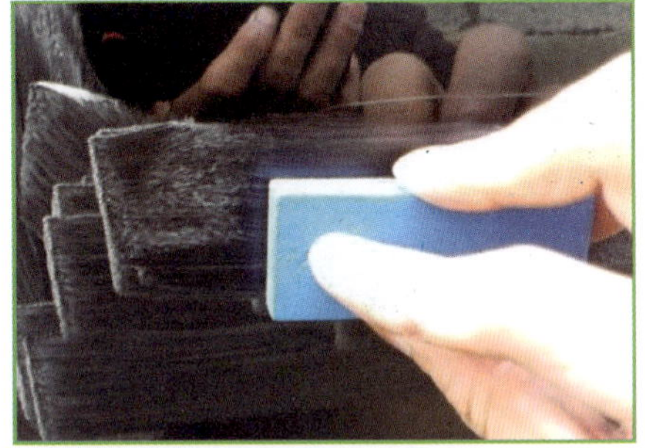

用专用清洁剂清洁划痕，去除划痕处的污垢、残蜡。如果划痕污垢附着顽固，可以用牙签或细金属丝剔除。

2 打磨

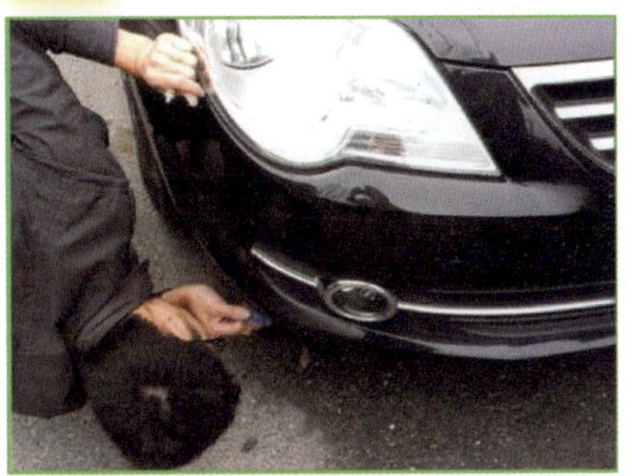

对面漆层的刮伤部分进行打磨。

3 填平划痕

用补土来填平划痕造成的凹陷。

4 贴遮蔽纸

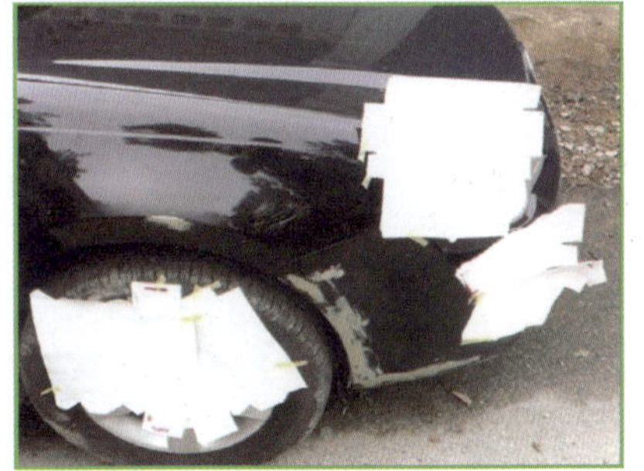

将遮蔽纸仔细地贴在划痕周围，将划痕围在胶带中心，确保漆料没有涂在其他地方，减少事后清理的工作。

5 进行水磨

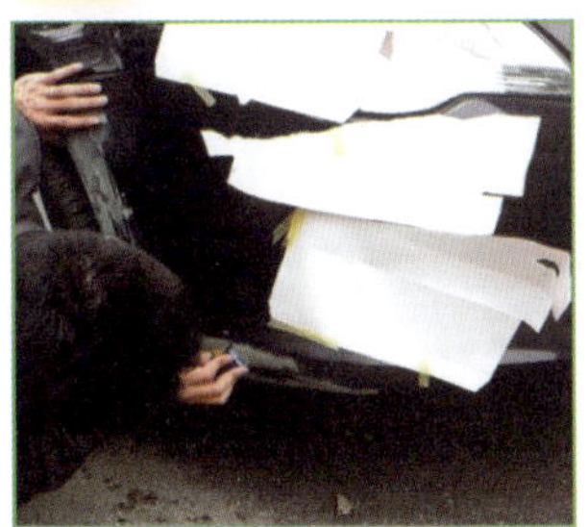

用 2000 号砂纸将补涂的漆打磨光滑。

6 清洁干净填补层周围

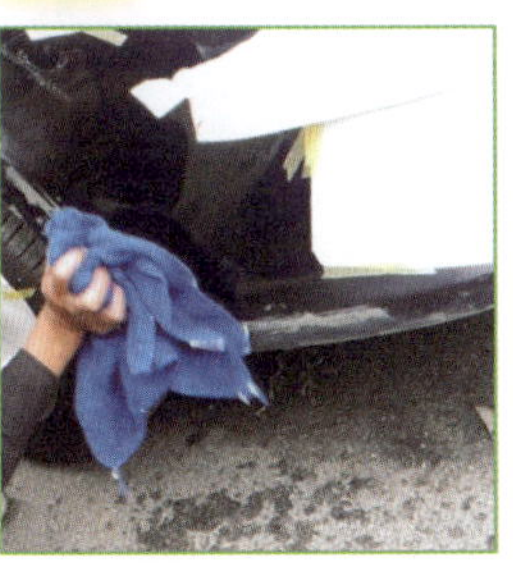

用布清洁干净待喷漆区域。

7 开始喷漆

对喷漆区域进行喷漆，待补漆干燥后，一般约需 20min，用 1000 号砂纸蘸水轻轻打磨，直至平整、光滑。

8 喷晶亮清漆

在修补部位喷上一层晶亮清漆，以使漆膜光亮饱满，与原漆融为一体。

9 上蜡处理

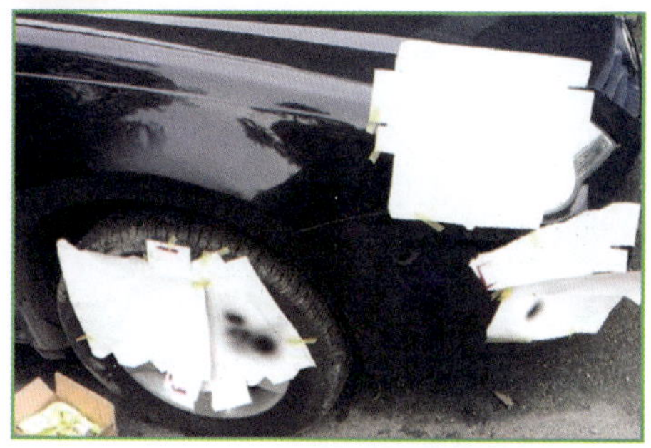

涂层干燥后，选择合适的手蜡，轻轻涂抹、抛光，即可恢复光亮，最后揭去遮蔽纸即可完成。

划痕的喷漆操作

项目二十五　车身凹陷修复

一、车身凹陷修复常识

1. 定义	车身凹陷修复是指采用先进的工艺设备和技术，根据光的反射、杠杆的作用，利用凹陷整平工具，对汽车表面不脱落、未掉底漆的凹陷，不采用钣金、刮腻子、烤漆等传统工序，直接对局部进行技术处理和快速修复。
2. 特点	汽车凹陷修复技术可以实现仅从外部处理凹陷，不必对护板以及其他车身部件进行拆装，保持车身原始状态，固定件不必更换，可节省工作时间。修复后无论是车漆的颜色、光洁度还是车体钢板的硬度、强度、韧性、耐久性等全都符合技术参数的要求。
3. 车身凹陷修复的要求	（1）板材的受损变形不能过大，没有折痕与皱纹。
	（2）板材加工表面的温度在200℃左右。
	（3）适当的照明、工具和辅助材料。

二、车身凹陷修复施工流程

1　清洁

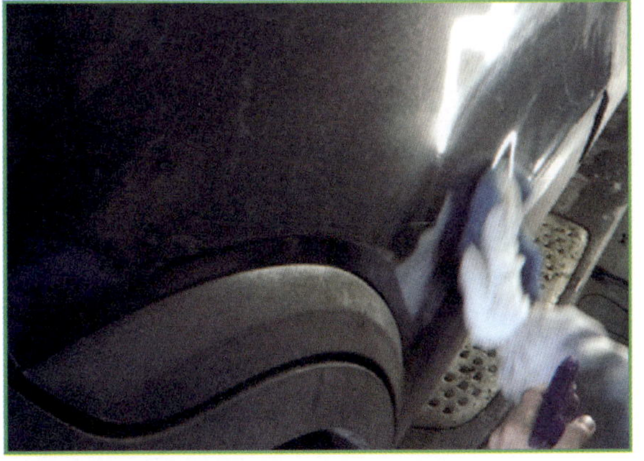

对凹陷部分进行清洗。

2　控制板材温度

先用热风枪将需要处理的凹陷处加热。

3 用象牙锥敲击细小凸处

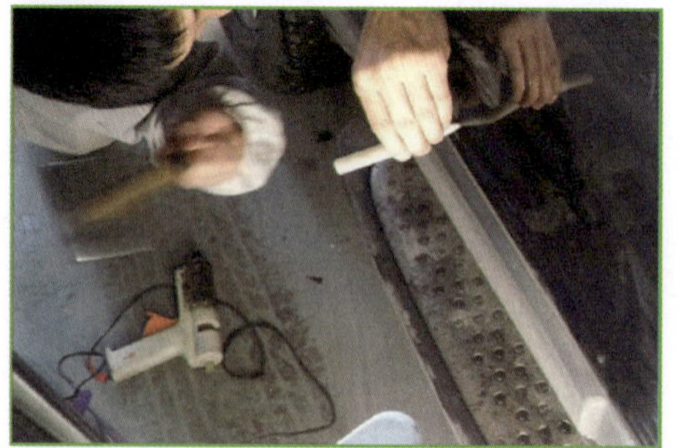

用象牙锥敲击细小凸处使其恢复平整。

4 用小锤子继续敲击凸处

用小锤子继续敲击凸处使其恢复平整。

5 选择适当的截面形状的拉伸螺杆

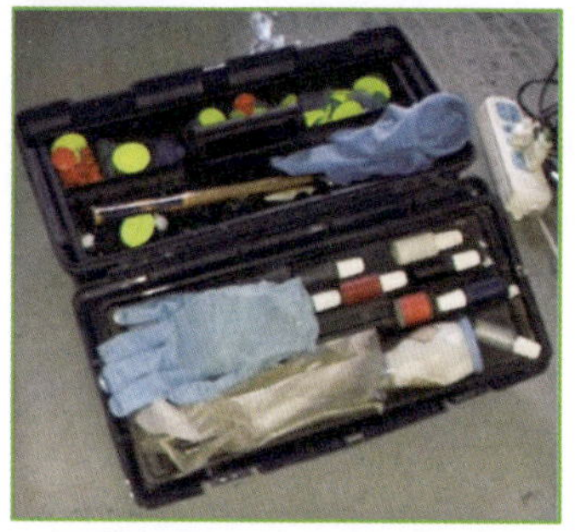

大而平的凹陷使用截面形状为平而圆的拉伸螺杆，长形的凹陷使用与之相匹配的拉伸螺杆。不同直径的圆拱形拉伸螺杆通用性较好，适用于多数凹陷。

6 通过热胶使用转接器

对凹陷进行观察分析，使用涂胶枪把已经加热的胶小心地涂在转接器上。

7 粘贴转接器

将涂过胶的转接器立即放在凹陷的中心上。

8 按紧转接器

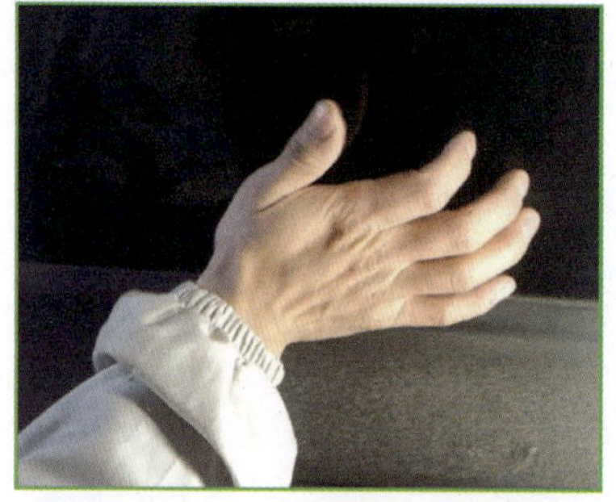

向下按紧转接器并停留 2~5min 。尽可能在胶体的边缘留出一道小缝，便于稍后使用残留胶清除剂。

9 继续安装转接器

根据凹陷的面积继续安装转接器。

10 安装凹陷拔起器

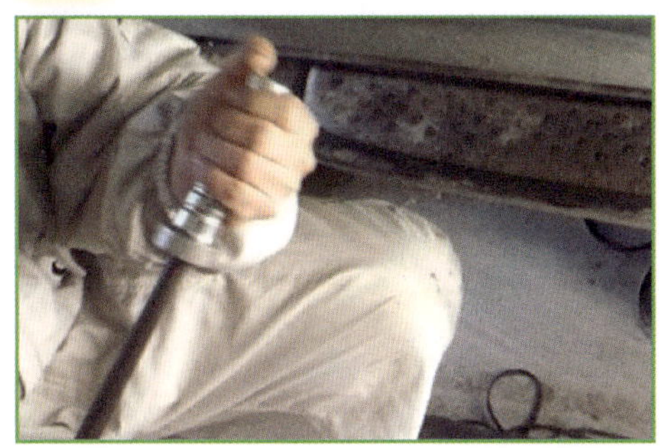

将凹陷拔起器套在转接器上，有些凹陷拔起器与转接器是通过螺栓相连的。

11 拔起凹陷

用适当的力向外拔使凹陷恢复到原始的位置，如果拔的力过大，会使凹陷上拱，使用锤子修平整即可。

12 反复拔起凹陷

反复拔起凹陷直到满意为止。

13 取下转接器

将残留胶清洗剂喷向凹陷涂胶处，使试剂能从胶体的后面渗入，然后小心取下转接器。

14 继续修整

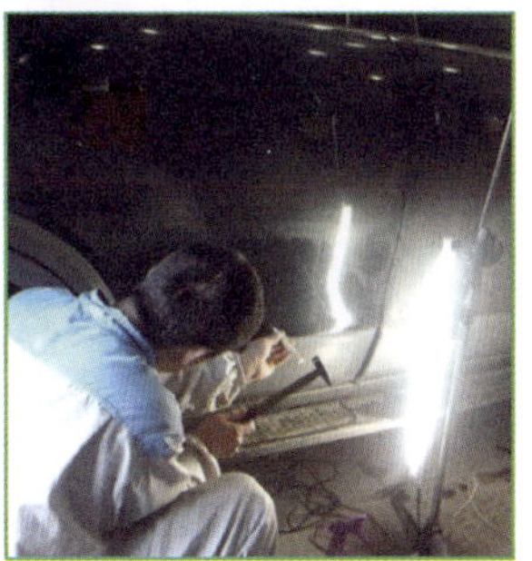

使用定影灯观察修复情况，用锤子和象牙锥修平上拱即可。

15 清洁

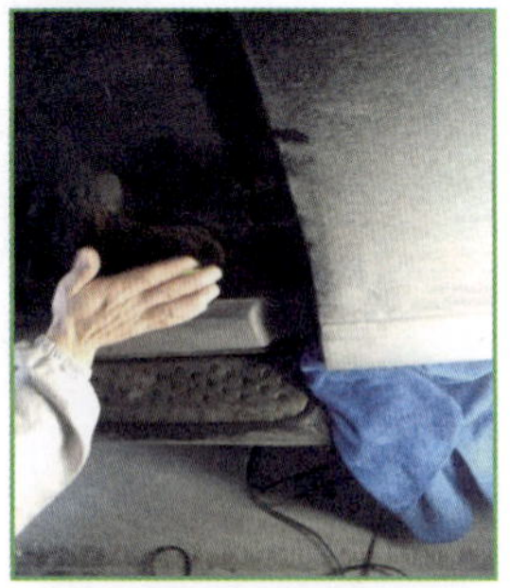

处理完凹陷后清洁车身表面，以免摩擦而划伤车身表面。

16 抛光

观察车身油漆表面，如有必要，可以对处理部位进行抛光处理。

7

第七章

汽车车身装饰

项目二十六 表面保护膜装贴

一、表面保护膜装贴常识

1. 作用	汽车表面保护膜又称为车身隐形保护衣，是一种高性能膜。它能有效地防止剐蹭以及小石子、沙粒的击打。
2. 特点	（1）汽车表面保护膜具有高强度、高密度的特点，可有效缓冲漆面物理伤害（即划痕产生）。
	（2）汽车表面保护膜稳定性高、持久度长、防腐蚀、防酸雨、防褪色、防紫外线。
	（3）汽车表面保护膜使车漆与空气隔绝，可以有效地防酸雨，防氧化、防划伤，持久保护车辆的漆面。
	（4）装贴表面保护膜清洗方便，不产生静电、不粘灰尘、不被腐蚀、延长洗车周期。
	（5）表面保护膜具有性价比高的特点，一次投入后在长时间内可节省汽车其他美容费用。
3. 装贴位置	表面保护膜装贴位置包括汽车车顶、发动机舱盖、车外灯、前后保险杠、轮辋前缘、后视镜外缘、门外缘，门把手内缘，钥匙孔、行李舱盖及四个侧门等部位。
4. 装贴基本方法	（1）选择表面保护膜。
	（2）清洗装饰部位，用清洁剂清洗需要装饰的部位，清除油污、尘土及异物等，使表面清洁、干燥。
	（3）撕掉保护膜衬纸，将保护膜平整地粘贴到车身表面上。
	（4）消除表面保护膜和车身表面之间的空隙和空气，使表面保护膜牢固地粘贴在车身上。

二、表面保护膜装贴施工流程

（一）漆面保护膜装贴施工流程

1 选择专用的装贴工具

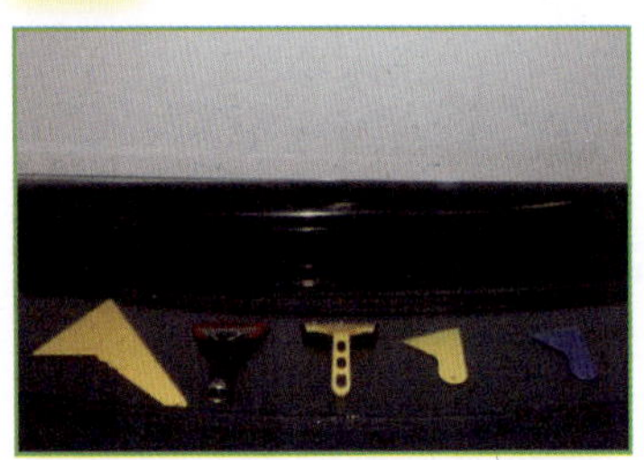

根据装贴保护膜的要求，选择专用的装贴工具。

2 拆掉密封条

小心地拆掉车身上的密封条及其他附件，便于装贴。

3　装贴前将车身表面清洁干净

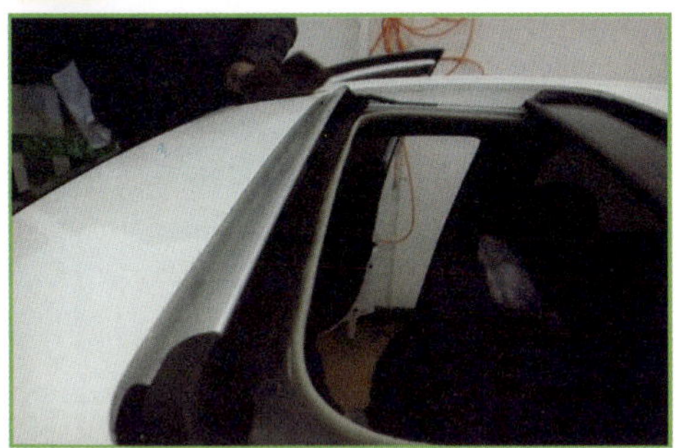

装贴前将车身表面清洁干净，确保无泥沙，无油渍污物。车身漆面如果光泽度较差或划痕明显，则应抛光打蜡，然后将蜡渍等清洗干净。

4　平铺保护膜

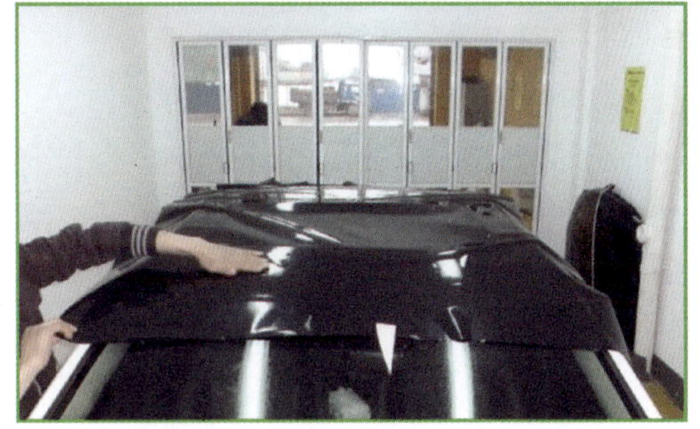

先在车顶漆面上喷水，接着在保护膜上喷水，最后将它平铺开。

5　热定型

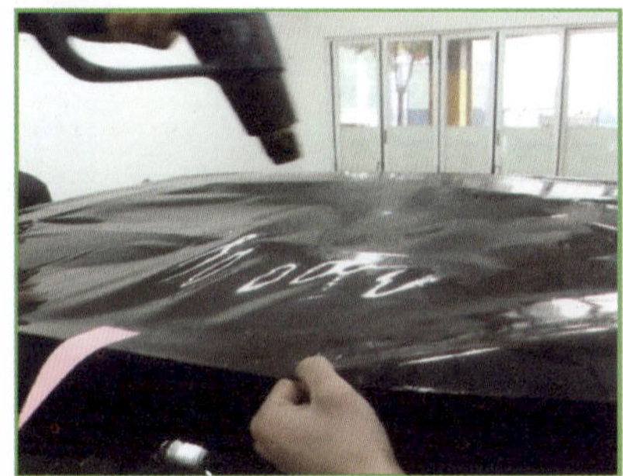

采用便携热枪把保护膜精确地收缩定型，消除在曲面上出现的皱折。

6　定型

用刮板将保护膜和车顶漆面之间的水和空气赶干净即可定型。

7　水纹和气泡的处理

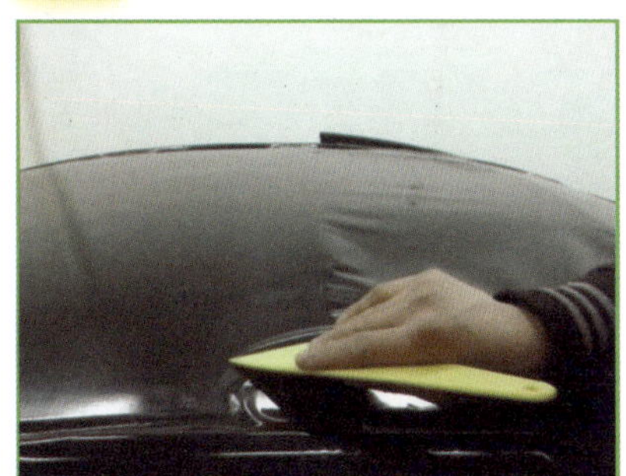

以“一板压半板”的方式刮水，即后一板刮水应压在前一板的 1/2 处，避免水流回流造成水泡。但要注意刮板的力度，并保持力度均匀，方向是从中间往四边刮水。

8　精确裁漆膜

用小刀沿着边部裁掉多余漆膜。

9 边角的处理

用便携热枪把保护膜边水分吹烤干，热枪温度应在150℃以下。

10 收边处理

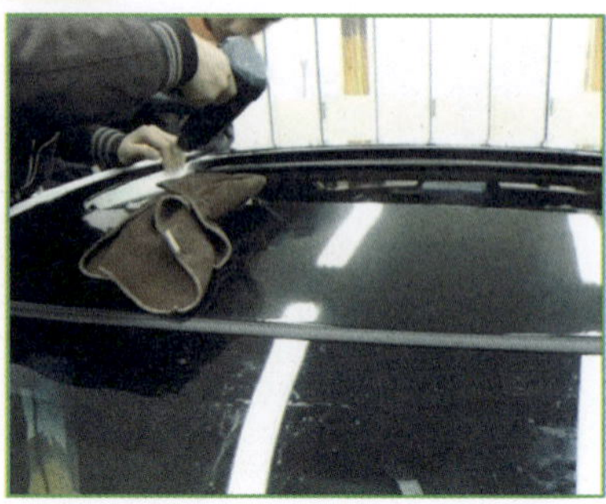

使用刮板进行收边处理。

11 清洁干净所有密封槽

在刮板的表面包上棉毛巾，然后将所有密封槽清洁干净。

12 安装密封条

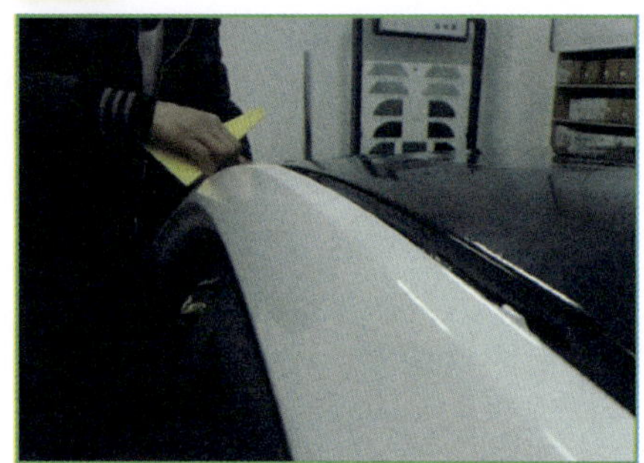

将车身上的密封条及其他附件恢复安装。

13 撕开车顶保护膜保护层

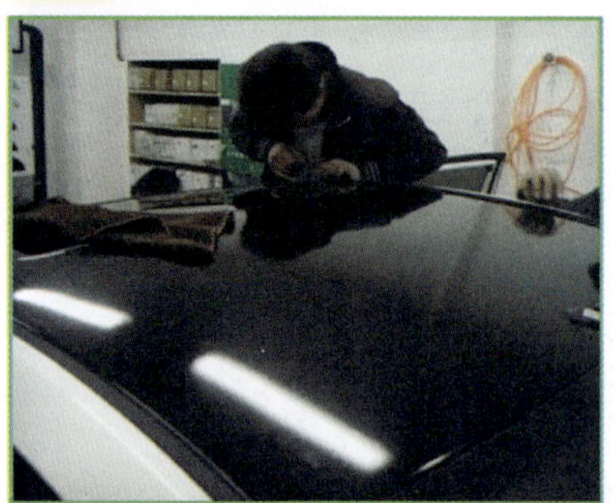

将保护膜最上面的一层保护层撕掉即可。其他部位的装贴方法大体相同。

14 全面检查保护膜

全面检查保护膜施工各部位，膜面清洁后将车辆移出施工工位，施工结束。

（二）车外灯保护膜装贴施工流程

1 拆下车外灯

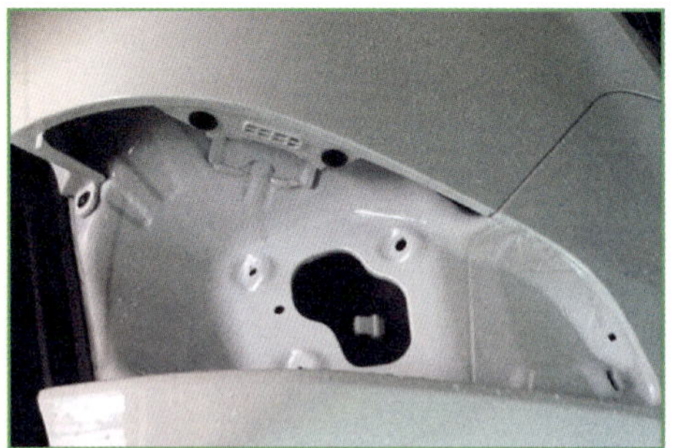

将车上的前照灯及后尾灯拆下并放好。

2 车外灯保护膜装贴

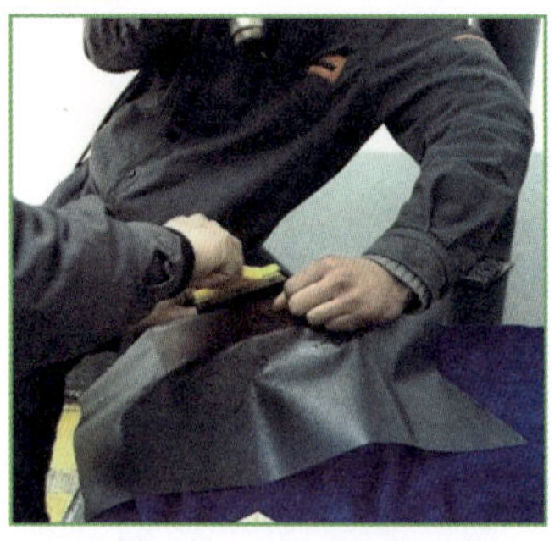

在车外灯和保护膜上喷水，将保护膜平铺到车外灯上，然后一边用便携热枪热定型，一边用刮板将水赶干净即可。

3 精确裁漆膜

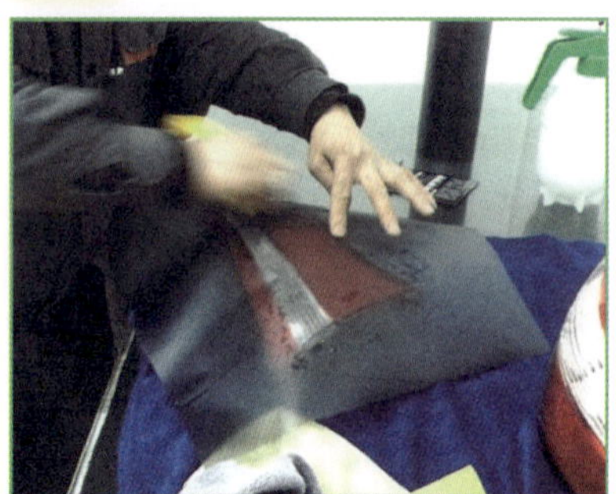

用小刀沿着边部裁掉多余的保护膜。

4 安装车外灯并撕开保护层

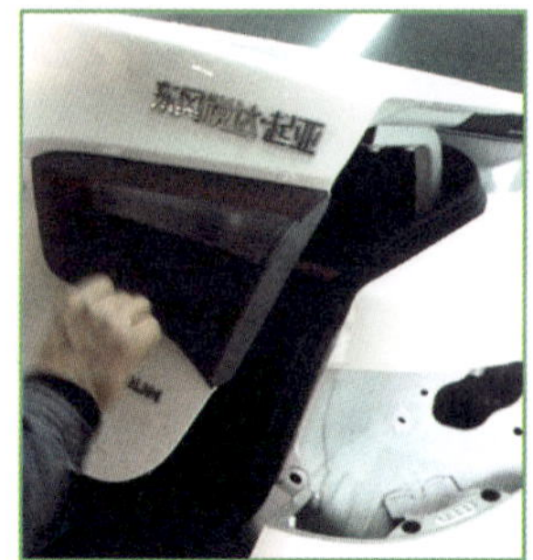

将车外灯最上面的一层保护层撕掉即可完成。其他车外灯的装贴方法大体相同。

5 检查车外灯

所有车外灯保护膜装贴完成后需要打开灯光开关，检查车外灯的工作情况，如有异常，则将故障排除后方可交车。

车身贴膜操作

项目二十七 车窗覆膜

一、车窗覆膜常识

1. 定义	车窗覆膜就是在车辆前后风窗玻璃、侧窗玻璃以及天窗上贴上一层薄膜状物体，而这层薄膜状物体也叫太阳膜或防爆隔热膜。它主要是阻挡紫外线、阻隔部分热量以及防止玻璃突然爆裂导致的伤人等情况发生，同时根据太阳膜的单向透视性能，达到保护个人隐私的目的。此外，还可以减少车内物品以及人员因紫外线照射造成的损伤。
2. 车窗覆膜的用处	（1）隔热防晒：车膜可以减小光线照射强度，达到隔热防晒的效果，保持车内凉爽。
	（2）隔紫外线：阳光中的紫外线对人体肌肤有一定的伤害，长期受紫外线照射易造成皮肤疾病。车膜可以有效地阻挡紫外线，对肌肤起到保护作用。
	（3）安全与防爆：当汽车发生意外时，防爆车膜可以防止玻璃爆裂飞散，避免事故中玻璃碎片对人员造成伤害，提高汽车安全性。
	（4）单向透视：车膜的单向透视性可以使车外看不清车内，增强安全性和隐蔽性。
	（5）防眩光：车膜可以保持眼睛舒适，降低因为眩光因素造成的意外情况。
	（6）提升美观度：五颜六色的车膜可以改变车窗玻璃全部是白色的单一色调，给汽车增添美感。
	（7）降低空调能耗：贴上车膜在一定程度上可以防止车内温度过高，起到节省油耗、降低空调能耗的作用。
3. 覆膜鉴别方法	（1）看：清晰度高的是高档膜，劣质膜会有雾蒙蒙的感觉。
	（2）闻：撕开保护层后，劣质膜闻起来有一股刺鼻的味道，而高档膜采用的是环保胶，基本上没任何味道或有一股淡淡的胶水味。
	（3）摸：高档膜摸上去有厚实平滑感，劣质膜则很软很薄，缺乏足够的韧性，容易起皱。
	（4）擦：可以带一点酒精或是汽油，擦拭一下膜的表面。劣质膜一擦很容易褪色，高档膜则不容易褪色。
	（5）试：在一个碘钨灯上放一块贴着太阳膜的玻璃，触摸贴膜时感觉不到一丝热的是高档膜，而立即有烫手感觉的则是隔热性较差的劣质膜。
4. 覆膜注意事项	（1）汽车覆膜完成后 3 天内禁止洗车，并且避免升降车窗或天窗。
	（2）汽车覆膜后如果遇到车膜边缘起泡，必须在 24h 内到施工点进行修复，否则超过时间后泡周边的胶已干透，车膜周边已不能移动，处理时会产生折痕。
	（3）汽车覆膜后一个月内禁用黏性标签直接贴至车膜上，以免造成车膜局部脱离玻璃。
	（4）汽车覆膜要符合年检标准，如用于驾驶人视区部位的前风窗玻璃可见光透视比达不到 70%，则通不过年检。

（续）

5. 覆膜验收标准	（1）前风窗玻璃覆膜验收标准	1）覆膜要整张安装，不能拼凑。
		2）覆膜不能有气泡、折痕（以刮水器有效使用范围为准）。
		3）从玻璃的左右两侧分别观察，水必须刮干净。
		4）坐在驾驶人位置，透过前风窗玻璃看车外的景物不存在模糊、色差现象。
		5）查看前风窗玻璃没有强烈的反光现象（外侧）。
		6）膜材的边缘与玻璃的小黑点的连接平滑，无明显的凹凸不平的感觉。
		7）膜材的边缘粘贴完好，无起边现象。
	（2）后风窗玻璃覆膜验收标准	1）有金属加热线及天线夹在玻璃内侧的情况下，不得整张帖，必须拼贴，避免长时间加热，影响其使用寿命。
		2）拼接时刀法必须精确，不得出现两次以上未对齐现象。
		3）没有残留水夹在膜材与玻璃之间。
		4）不得有密集的沙点及气泡。
	（3）侧窗玻璃覆膜验收标准	1）检查侧窗玻璃无明显的漏光现象。
		2）车窗玻璃的上缘线与膜材的边缘保持基本平行，刀线平滑。
		3）无较集中的沙粒夹在玻璃与膜材之间，无气泡折痕。

二、车窗覆膜施工流程

（一）前风窗玻璃覆膜施工流程

1 清洗车身及玻璃

将车身及玻璃表面的灰尘清洗干净。

2 覆膜准备

选择覆膜工具并用保护套做好车身防护措施。

3 玻璃清洁

用玻璃清洗剂将玻璃及其边缘反复清洗干净，再用干的刮板刮干玻璃。一般按照从干的一边到湿的一边，从上边到下边再到底边的顺序操作，也可用不起毛的棉毛巾擦干边缘。

4 粗切

将前风窗玻璃膜粗切为施工对象玻璃般大小，在玻璃外侧擦上施工液体，使前风窗玻璃膜的分离侧朝外，覆到玻璃上。

5 热定型

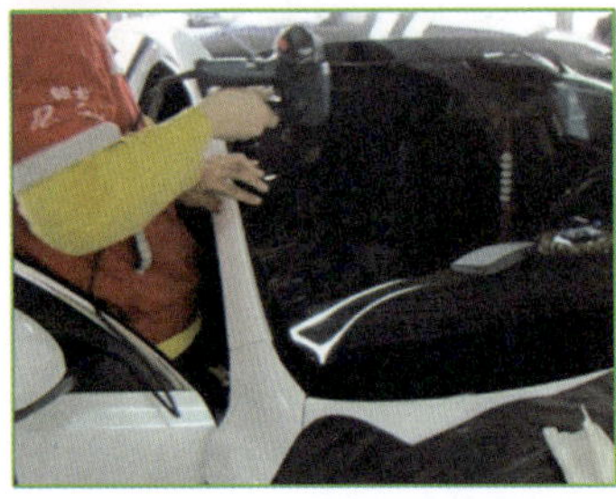

使用便携热枪把前风窗玻璃膜精确地收缩定型于大部分玻璃的复合曲面上，并消除在曲面上出现的皱折。

6 精确裁膜

前风窗玻璃膜经过烤膜定型后，进行准确裁膜。

7 进入驾驶室进行覆膜

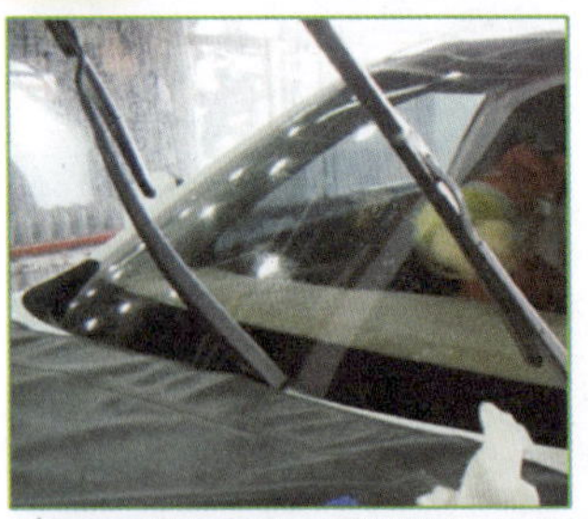

前风窗玻璃膜裁好后进入驾驶室进行覆膜。然后把前风窗玻璃膜和玻璃之间的水赶净即可。注意做好防水保护。

8 检查、密封边缘并清理工具

检查前风窗玻璃膜的所有边缘，并用刮刀挤封。所有边缘必须挤封，以免在固化期间空气、水分、灰粒从边缘渗入膜底。

（二）后风窗玻璃覆膜施工流程

1　后风窗玻璃清洁

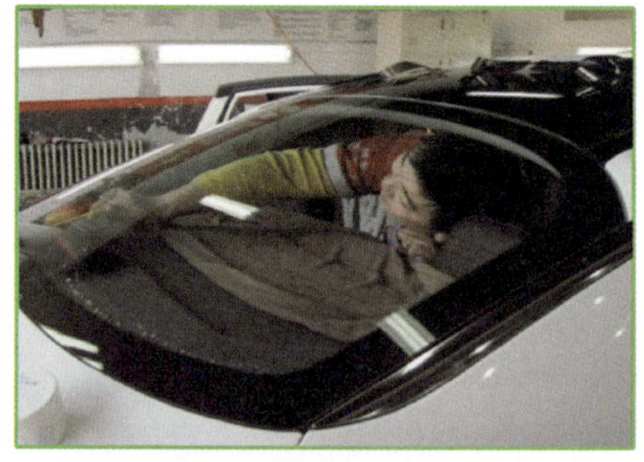

用玻璃清洗剂将后风窗玻璃及其边缘反复清洗干净。

2　粗切膜

将后风窗玻璃膜粗切为后风窗玻璃大小。

3　热定型

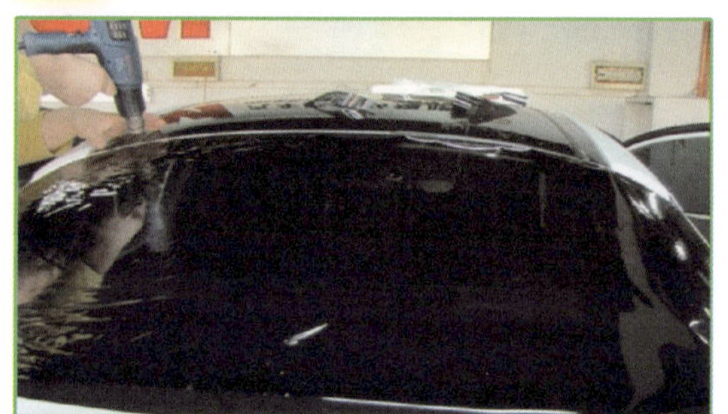

用便携热枪把后风窗玻璃膜精确地收缩定型。

4　进入车室进行覆膜

后风窗玻璃膜精确裁好后即可以进入车室进行覆膜，然后把后风窗玻璃膜和玻璃之间的水赶干净即可。

5　检查、密封边缘

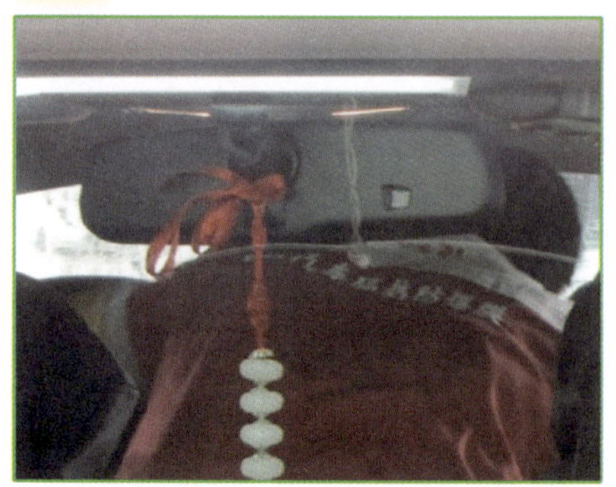

检查后风窗玻璃膜的所有边缘，并用刮刀挤封，以免空气、水分、灰粒从边缘渗入膜底。

（三）侧窗玻璃覆膜施工流程

1 清洁侧窗玻璃

用玻璃清洗剂将侧窗玻璃及其边缘反复清洁干净。

2 粗切膜

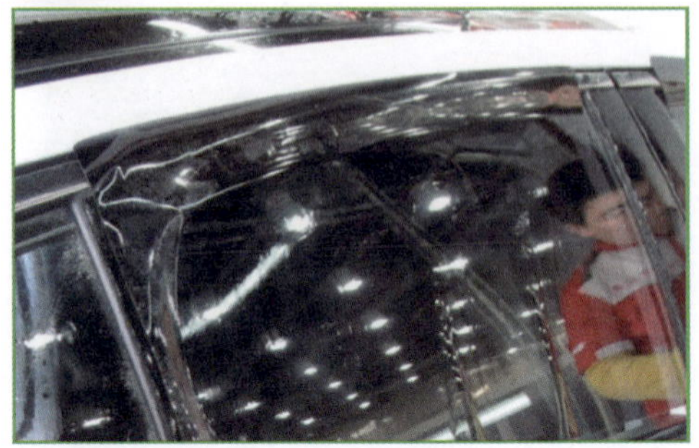

将侧窗玻璃膜粗切为玻璃大小。

3 热定型并精确裁膜

用便携热枪把侧窗玻璃膜精确地收缩定型，同时用刮板进行抹平，并精确裁膜。

4 进行覆膜

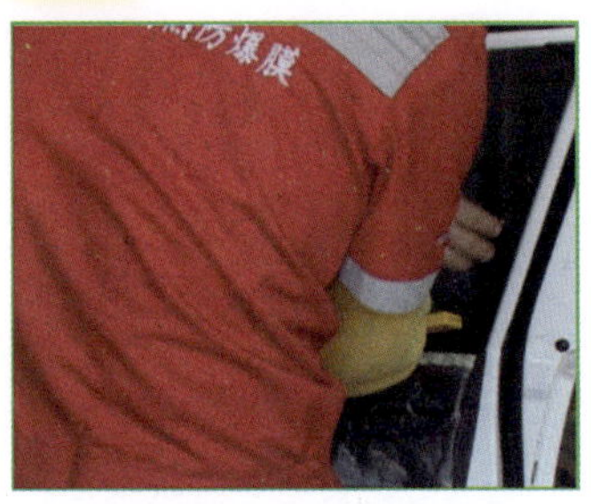

侧窗玻璃膜精确裁好后进行覆膜，然后把侧窗玻璃膜和玻璃之间的水赶干净即可。

5 检查、密封边缘及水纹处理

检查侧窗玻璃膜的所有边缘，并用刮刀挤封。所有边缘必须挤封，以免在固化期间空气、水分、灰粒从边缘渗入膜底。

学习提示

用同样的方法将其他3个车门侧窗玻璃覆膜完后，全车检查车膜、密封边缘即可完成覆膜流程。此外还应仔细地擦洗所有玻璃的表面（内表面和外表面），去除条纹水迹和污迹，给整个汽车以光亮的外观，最后将汽车移出美容工位等待交车。

侧窗玻璃贴膜的操作

项目二十八　大包围和尾翼的装饰

一、大包围和尾翼的装饰常识

<table>
<tr><td>1. 作用</td><td>大包围的主要作用是减低汽车行驶时所产生的逆向气流，同时增加汽车的下压力，使汽车行驶时更加平稳，从而减少耗油量。尾翼主要起到改变空气动力的作用，尾翼也是大包围的一部分。安装大包围后，可使汽车外观豪华、气派、美观、霸气，更显个性。</td></tr>
<tr><td>2. 组成</td><td>大包围由前包围、后包围和侧包围组成。其中，前、后包围有全包围式和半包围式两种形式。全包围式是将原来的保险杠拆除，然后装上大包围，或是将大包围套在原保险杠表面，覆盖原保险杠；半包围式是在原来保险杠的下部附加一装饰件，这样可不用拆除原保险杠；侧包围又称侧杠包围或侧杠裙边。</td></tr>
<tr><td rowspan="3">3. 大包围的制作材料</td><td>（1）塑料：用塑料制成的大包围套件质量相对较高，是各名牌汽车改装厂生产大包围的主要材料。</td></tr>
<tr><td>（2）玻璃钢：用玻璃钢制成的大包围套件，虽然在细腻程度等方面不如塑料件，但因制作方便，所以多数生产商首选玻璃钢作为生产大包围的材料。</td></tr>
<tr><td>（3）合成橡胶：用合成橡胶制成的大包围套件，具有较大的温度适应范围，气温在-80~50℃都不会出现变形，此外它还具有较好的耐冲击能力。</td></tr>
<tr><td rowspan="5">4. 大包围和尾翼的选用</td><td>（1）配套性原则：目前装饰件生产厂家的大包围和尾翼总成件，基本上都是以特定的车型为准而设计制作的。在制作中，又根据制作的材质和工艺而分为标准型、豪华型。在选择时应根据不同的车型，选择与之配套的大包围或尾翼。</td></tr>
<tr><td>（2）协调性原则：各大包围和尾翼的造型和颜色要与车身融为一体，做到总体平衡协调。</td></tr>
<tr><td>（3）安全性原则：汽车安装大包围和尾翼不能影响整车性能和行车安全，选择大包围时要考虑路面状况，只有完全在平坦良好道路上行驶的汽车才能加装大包围，所有饰件与地面应保持一定距离（至少 20cm）。</td></tr>
<tr><td>（4）标准性原则：选择的大包围和尾翼组件要符合国家有关规定，应选用高质量的产品，并应选择在正规的有经验的汽车改装店进行安装。</td></tr>
<tr><td>（5）观赏性原则：选择的大包围和尾翼组件要美观大方，赏心悦目，符合人们的审美需求。</td></tr>
<tr><td rowspan="4">5. 加装大包围和尾翼的注意事项</td><td>（1）注意行驶道路：加装大包围后使最小离地间隙变小，为此汽车是否加装大包围，要根据汽车经常行驶的道路状况而定。如果汽车经常要在不平的路面上行驶，不能加装大包围。</td></tr>
<tr><td>（2）注意产品质量：大包围的质量直接影响到汽车的外观，如果大包围材质脆弱，刚性过大，就很容易碎裂，因此应选用高质量的大包围。</td></tr>
<tr><td>（3）注意改装安全：因为大包围的材料抗撞击能力较差，所以选用需要拆掉原车保险杠才能安装的大包围将会影响汽车的安全性。如果一定要选用拆杠包围，则应将原杠中的缓冲区移植到大包围中，以起到保护作用。</td></tr>
<tr><td>（4）注意商家选择：应选择有经验的专业改装店加装大包围和尾翼，确保加装质量有保证。</td></tr>
</table>

二、大包围和尾翼的装饰施工流程

（一）安装大包围的施工流程

1 准备和清洁大包围

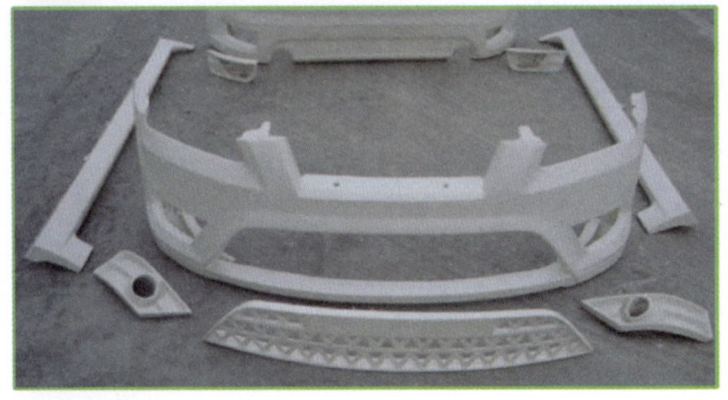

对安装前包围的部位进行擦拭，将油污、污垢等去除，使装饰部位达到清洁、干燥，作好安装准备。

2 钻孔

按大包围安装位置的要求，钻好安装孔，并去掉孔边周围的毛刺。

3 前包围对位

试装进行对位，如果不合适，则继续调整安装位置。

4 固定前包围

将前包围固定于安装位置，然后用螺钉固定拧紧。

5 贴皱纹纸

在安装位贴上皱纹纸胶带，防止调整后包围时不小心刮花车身结合面的漆面。

6 后包围对位

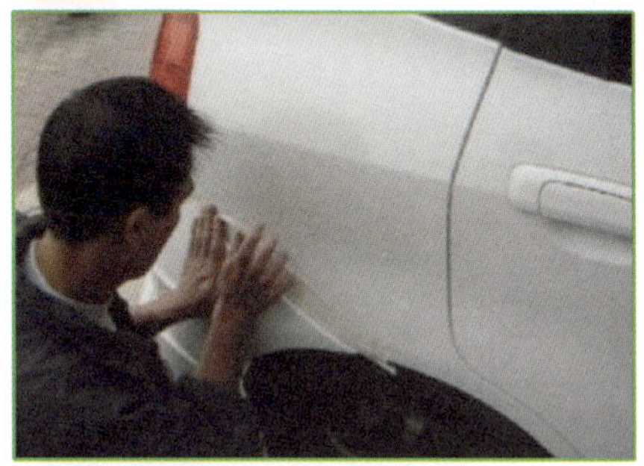

试装进行对位，如果不合适，继续调整安装位置。

7 调整安装位置

使用砂轮片将需要调整的位置进行调整。

8 安装后包围

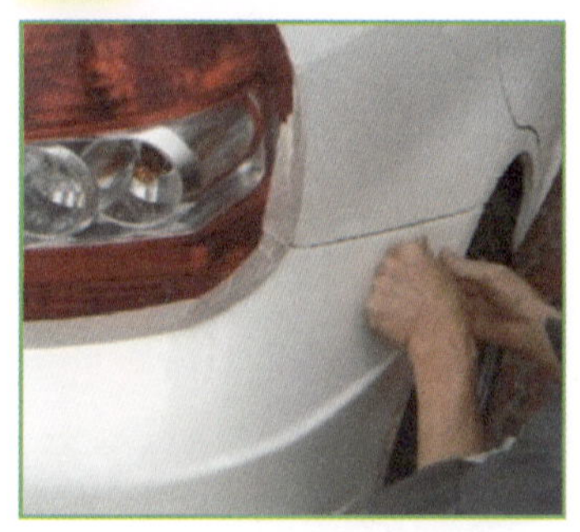

将后包围插入安装位置，对准安装孔，然后用手压平，用螺钉固定拧紧。

9 紧固轮胎侧后包围螺栓

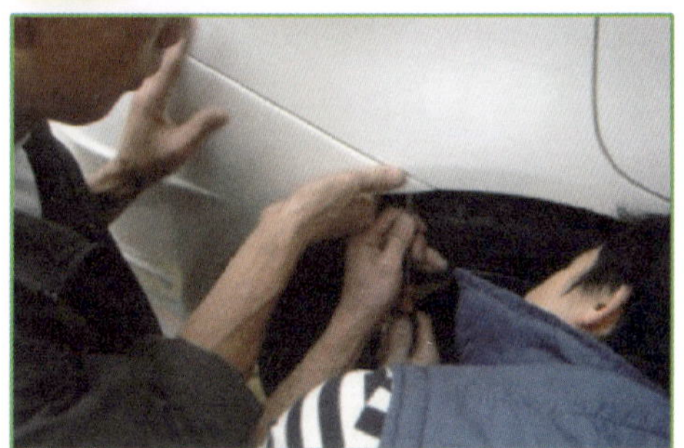

分别紧固轮胎两侧的后包围螺栓，同时用手压平来紧固。

10 紧固后包围螺栓

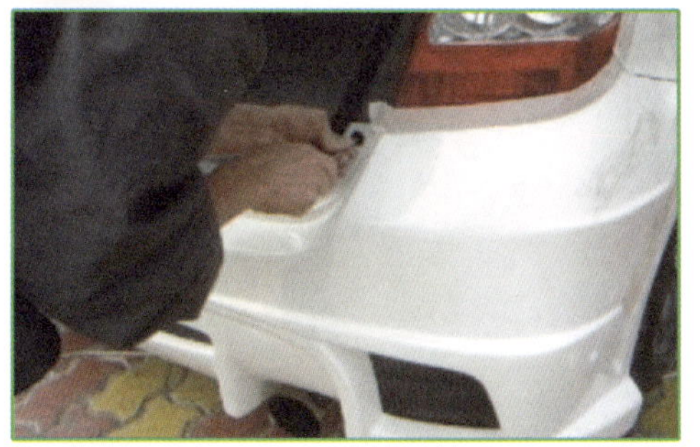

在原装车的螺钉孔上紧固后包围螺栓。

11 验收

用同样的方法安装好侧包围，最后检查安装质量，发现错位、不合缝等缺陷应及时采取补救措施。

（二）安装尾翼的施工流程

1 钻孔

在行李舱盖上找到适合的位置，再与尾翼上的螺栓孔配合，并做好记号。然后用手电钻在行李舱盖上做记号处钻孔。

2 注上硅胶

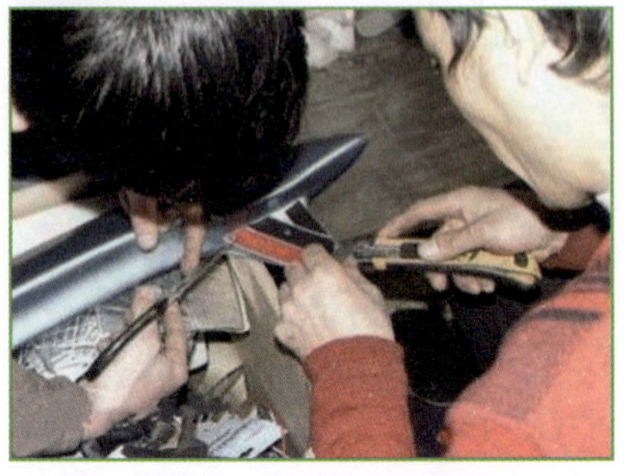

在钻孔位置与尾翼接合处注上硅胶以防漏水。

3 锁紧固定螺钉

锁紧固定螺钉，锁紧时由行李舱内侧向外操作。

4 检查安装情况

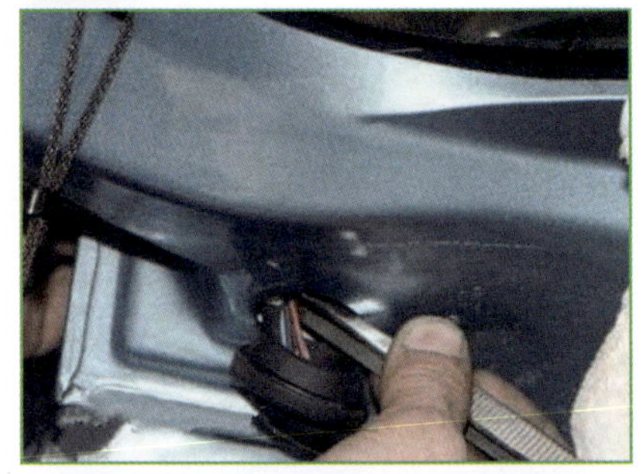

在固定架周围注入透明硅胶，并将密封件安装到位。

项目二十九 汽车保险杠的装饰

一、汽车保险杠的装饰常识

1. 作用		汽车保险杠是吸收和缓和外界冲击力，用来保护车身安全的装置，而且也是车身外部的装饰品。
2. 分类	（1）按材料分类	1）钢板保险杠：钢板保险杠是由钢板冲压成的 U 形槽钢，表面镀铬，与车架纵梁铆接或焊接在一起，和车身有一段较大的间隙。现在钢板保险杠主要用于货车。

（续）

<table>
<tr><td rowspan="4">2. 分类</td><td rowspan="3">（1）按材料分类</td><td>2）塑料保险杠：塑料保险杠主要由塑料制成，能起到缓冲作用，保护前后车体。在外观上与车体结合在一起，具有很好的装饰性，成为装饰轿车外形的重要部件。</td></tr>
<tr><td>3）铝合金保险杠：铝合金保险杠是由铝合金制成的管状保险杠。这种保险杠具有造型多、美观、气派等特点，主要用于越野汽车和小型面包车。</td></tr>
<tr><td>4）镜钢保险杠：镜钢保险杠由钢管制成，并经电镀处理，主要用于小型面包车。</td></tr>
<tr><td>（2）按安装位置分类</td><td>按安装位置可分为前保险杠、后保险杠和车门保险杠。下面以前保险杠的安装为例来说明汽车保险杠的装饰方法。</td></tr>
</table>

二、汽车保险杠的装饰施工流程

1　定位螺栓孔

找到前保险杠的安装螺栓孔，并定位。

2　安装前保险杠螺栓

将前保险杠放上去，然后用手拧紧螺栓。

3　拧紧螺栓

用扳手拧紧前保险杠上的两颗螺栓。

4　安装螺栓孔盖

安装前保险杠上的两个螺栓孔盖。

5 安装前保险杠下面的紧固螺栓

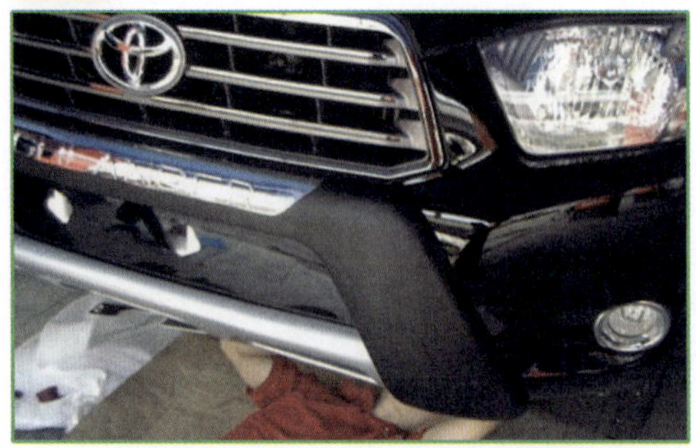

将前保险杠下面左右两边的螺栓紧固。

6 检查并清洁前保险杠

检查并将前保险杠清洁干净。

项目三十 底盘装甲

一、底盘装甲常识

1. 定义	底盘装甲也称为底盘封塑，就是在汽车底盘的下面喷涂一层 2 ~ 4mm 厚的弹性密封材料，形成一层厚厚的铠甲。
2. 作用	（1）防腐蚀：提供良好的保护，避免潮气、酸雨、盐分对车辆底盘金属的侵蚀，密封车体缝隙。
	（2）防石击：给车辆提供良好的橡胶涂层，有效防止路面砂石对底盘的击打，保护漆膜。
	（3）防振：发动机、车轮均固定在汽车底盘上，它们的振动在某一频率上会与底板产生共鸣，底盘装甲防护会消除共鸣。
	（4）隔热：阻止底盘铁板热传导，使驾驶室内冬暖夏凉。
	（5）隔音降噪：车辆行驶在快速路上，车轮与路面的摩擦声与速度成正比，底盘装甲降低行驶时噪声的传导，增加驾驶宁静感。
	（6）防止螺钉松脱：车辆行驶过程中抖动，底盘装甲可以防止底盘螺钉的松脱。
	（7）防拖底：底盘装甲可以有效防止底部被路面剐蹭，减轻对底盘的伤害。
3. 应用部位	汽车底盘装甲主要应用在汽车底板、轮弧、挡泥板、挡泥板衬边、发动机舱盖内板、汽车下围板、燃油箱、保险杠后部内侧、行李舱及其他可能发生腐蚀的部位。

二、底盘装甲施工流程

1 清洗底盘

清洗底盘上粘结的油泥和沙子，或用特制砂纸打磨掉原防锈层。

2 卸下四个车轮

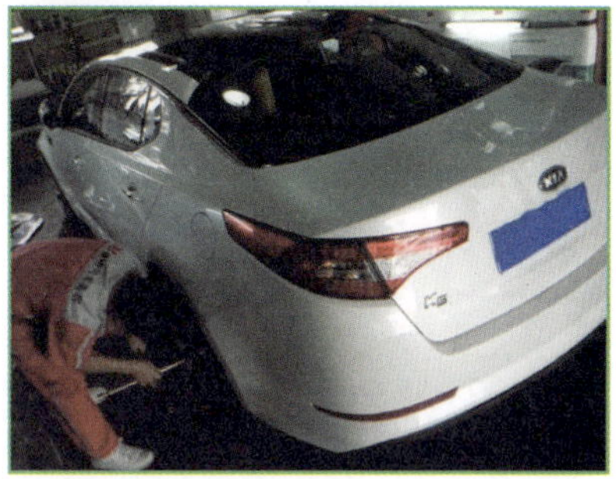

卸下四个车轮，并给各车轮注明相应位置。

3 清洁水分

用吹水枪将缝隙中的水吹出，并用毛巾将水擦干。

4 底盘遮蔽

将车辆油漆部位和底盘的油管、排气管等部位遮蔽。

5 遮蔽轮毂和裙部

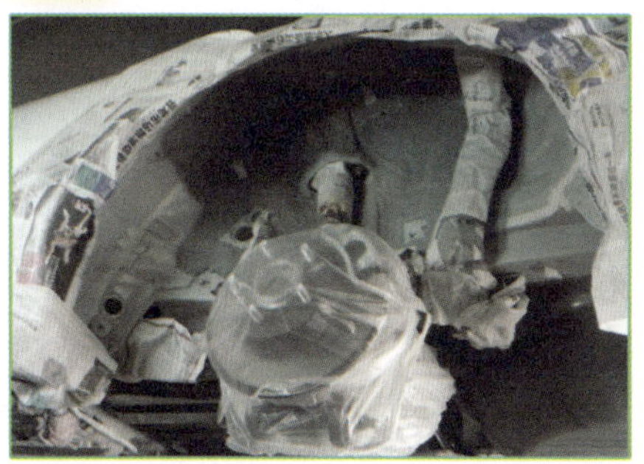

做好轮毂和车身周围裙部的遮蔽，避免被喷涂材料玷污。

6 车身遮蔽

用遮蔽膜将车身遮蔽。

7 工作人员准备

工作人员穿好工作防护服做好必要的防护措施，并准备好喷漆。

8 喷涂翼子板

先对车辆翼子板进行喷涂，喷涂前应充分摇晃涂料的容器。

9 喷涂底盘

对车辆底盘进行喷涂，使用前应充分摇晃容器。

10 第一次喷涂完成

喷涂完第一次约半个小时后，进行第二次喷涂。

11 第二次喷涂

进行第二次喷涂，确保涂漆均匀分布。

12 施工完成

当喷涂部位表面干燥后即可取下遮蔽纸和遮蔽膜，最后做好现场清洁工作。

13 安装底盘拆卸的相关部件

安装底盘拆卸的相关部件，并紧固到规定的力矩。

14 安装轮胎并完成施工操作

安装轮胎并将车辆移出施工工位，然后清洁工位，操作完成。

知识链接

（1）检查喷涂部位有无出现滴流现象。

（2）检查“车身表面”和“喷涂禁区”有无底盘装甲产品附着。

（3）喷涂 2 遍，目测涂层厚度为 0.3mm 左右。

（4）观察车底底盘施工部位有无出现喷涂不均匀产生堆积和流挂现象。

（5）检查底盘有无遗留的材料以及是否出现遗漏遮蔽而被喷涂到的部位，检查所有喷涂部位是否出现施工遗漏现象。

（6）遮封部位有无遮封材料残留。

（7）轮胎安装完毕后，进一步检验螺母的固定情况，确保无松动现象。

8

第八章

汽车车内装饰

项目三十一 汽车桃木内饰

一、汽车桃木内饰常识

1. 桃木内饰的部位	桃木内饰的种类有桃木纸巾盒、PVC 桃木饰板、桃木变速杆头、桃木后视镜、桃木电话架等。汽车的转向盘、变速杆、离合器踏板、制动踏板、加速踏板及驻车制动杆是驾驶汽车的六大操作件，也是主要的装饰对象。
2. 桃木内饰的保养	（1）日常保养：新车做了桃木内饰后，应用柔软的湿布擦拭一遍，以擦去上面的灰尘，保持桃木的正常光泽。在擦拭中，不要用干硬的布条擦拭，也不要用酸性或者碱性的液体擦拭，因为这样都会损害桃木上面的光釉。
	（2）老化后保养：桃木内饰表面的光釉在使用一段时间并逐渐磨损后会导致整个桃木内饰出现黯淡无光的现象（俗称“亚光”）。当出现亚光现象时，可以采取以下办法让其重新恢复光泽。 1）在汽车打蜡时给桃木内饰打蜡，然后用柔软的湿布快速地在上面擦拭。在给桃木内饰打蜡擦拭时，擦拭的速度一定要快。 2）当打蜡已经不起作用时，运用抛光重新喷釉使其恢复光泽，但经常抛光会损害桃木内饰。
3. 桃木内饰的工艺鉴别	（1）查看内饰的表面是否有颗粒，如果改装后的汽车桃木内饰表面有颗粒，说明改装水平一般。 （2）查看喷的光釉是否均匀，如果喷的光釉过多，将会导致光釉流到桃木内饰的边缘地带累积起来形成一些丘陵状的凸起，可用观察法和触摸法鉴别。
	（3）查看花纹是否清晰，胶膜印在桃木内饰上的花纹一定要清晰，如果花纹没印好，会模糊不清。
	（4）查看桃木内饰是否有圆点。如果有，表明改装时所采用的胶膜上有洞。

二、汽车桃木内饰施工流程

1 用胶片试探饰件背面卡脚位置

2 从饰件的边缘慢慢插入卡脚附近

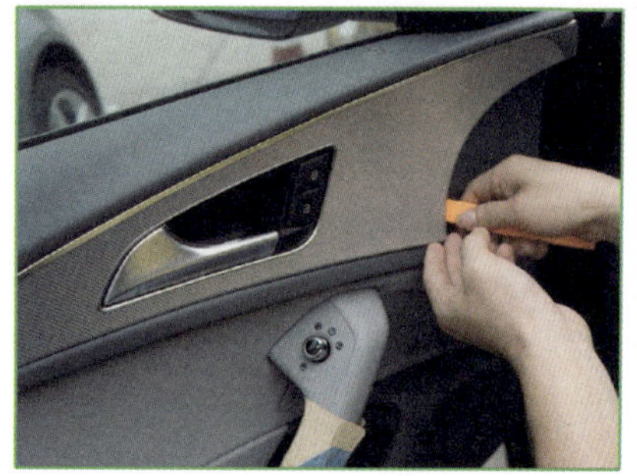

3 慢慢撬动饰件将每个卡脚撬出

4 将门拉手饰件取下

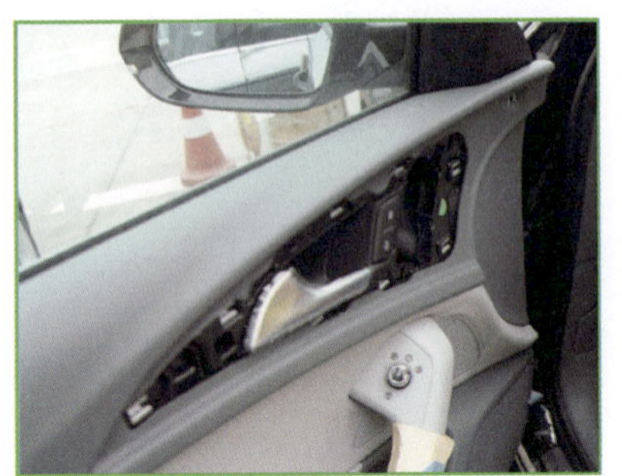

5 拆下出风口饰件

6 拆下中控面板饰件

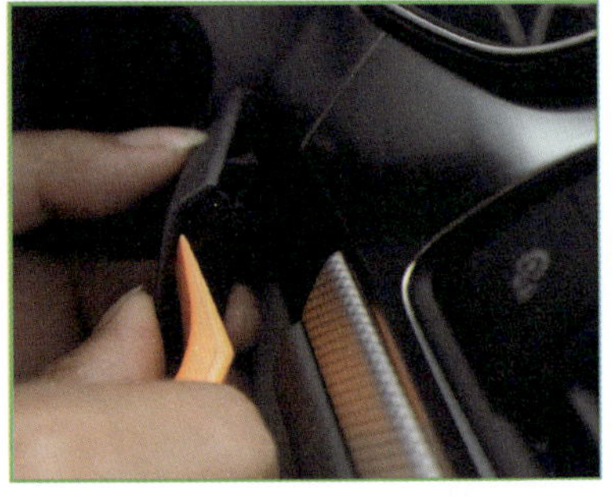

7 用胶片撬动中控面板饰件卡脚位置

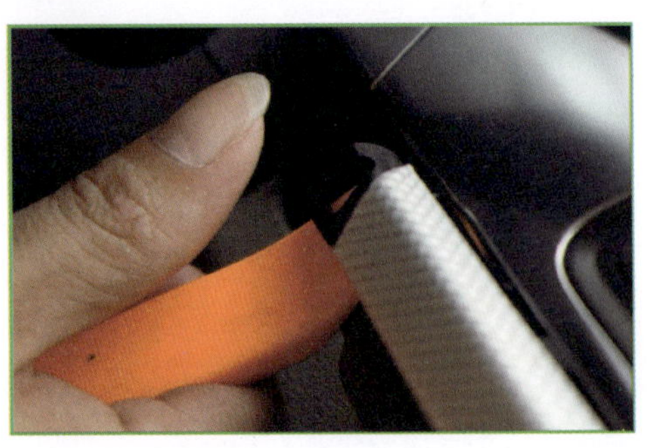

8 沿着中控面板饰件将卡脚慢慢拔出

9 同时用两个胶片撬动中控面板饰件

10 取下中控面板饰件

11 用手轻轻按压安装出风口饰件

12 其他饰件包括中控面板、扶手等的安装用同样方法进行，将卡脚固定即可

项目三十二 座椅的改装

一、座椅的改装常识

<table>
<tr><td>1. 座椅改装及真皮座椅的定义</td><td colspan="2">汽车座椅改装就是将原车的绒布座椅改装成真皮座椅，真皮座椅是座椅表层包着一层真皮的座椅。</td></tr>
<tr><td rowspan="3">2. 真皮座椅的特点</td><td rowspan="3">（1）真皮座椅的优点</td><td>1）豪华气派。真皮座椅高贵的品质、精美的造型、多彩的色调，可提高汽车档次。</td></tr>
<tr><td>2）美观耐用。让汽车能够在视觉上、触觉上，甚至在味觉上都有一个好的感觉，给汽车增光添彩。同时，真皮座椅结实耐磨，使用寿命长。</td></tr>
<tr><td>3）利于散热。真皮座椅的散热性比绒布座椅要好，在炎热的夏日，真皮座椅只会表面较热，轻拍几下，热气会很快消散。长时间坐在皮椅上时，也会将体热散去，而不像绒布座椅那么吸热。</td></tr>
</table>

（续）

2. 真皮座椅的特点	（1）真皮座椅的优点	4）便于护理。真皮座椅不像绒布座椅那么容易藏污纳垢，顶多只是灰尘落在座椅的表面，不会堆积在座椅的较深处而不易清理。即使真皮座椅沾上污垢，只要喷上真皮清洗剂，然后用干净布一擦即可。
	（2）真皮座椅的缺点	1）易刮伤：真皮座椅如碰到尖锐的物品，表面容易受到损伤，在使用时要特别小心。
		2）易老化：真皮座椅受热后会出现老化现象，从而过早失去光泽。
		3）易滑：真皮座椅在表面做皱褶或反皮处理，以降低滑感，但与绒布座椅比在乘坐时还是较滑。
3. 真皮的鉴别方法	（1）查：检查有无真皮标志，真皮标志是在国家工商行政管理总局注册的证明商标，并且用优质真皮制作。	
	（2）看：用眼睛的直观感觉进行鉴别，真皮表面光滑，皮纹细致，色泽光亮且没有反光感，厚度在 1.0~1.2mm，且厚薄均匀。如果皮纹不明显，只是异常光滑，则说明皮子在加工过程中进行了磨面处理，或是用二层牛皮喷上颜色后压出皮纹制成。	
	（3）摸：用手摸皮面，质量好的真皮摸起来手感好，柔软舒适、滑爽而且富有弹性，若皮面板硬或发黏均为劣质皮。	
	（4）嗅：闻一闻皮的气味，真皮有自然的皮香味，装上车后再次打开车门，有一股令人舒适的香气，劣质的皮革通常带有强烈的刺激味。	
	（5）擦：用潮湿的细纱布在皮面上来回擦拭七八次，并查看布上是否沾有颜色，若有脱色现象，则说明是劣质皮。	
	（6）拉：用两只手拿住皮子的对角，然后稍用力向两边拉，真皮拉起来变形不大，牢靠度较好、弹性好，延伸率和张幅适中，同时有一种刚柔相济的感觉。若皮面出现裂痕或露出浅白的底色，则说明是劣质皮。	
	（7）烧：从真皮革和人造革背面分别撕下一点纤维，点燃后，凡发出刺鼻的气味、结成疙瘩的是人造革；凡是发出毛发气味，不结硬疙瘩的是真皮。	

二、座椅的改装施工流程

1 拆掉前后座椅

将车室内的前后座椅拆掉，并将其从车上搬下。

2 拆开座椅的下护板

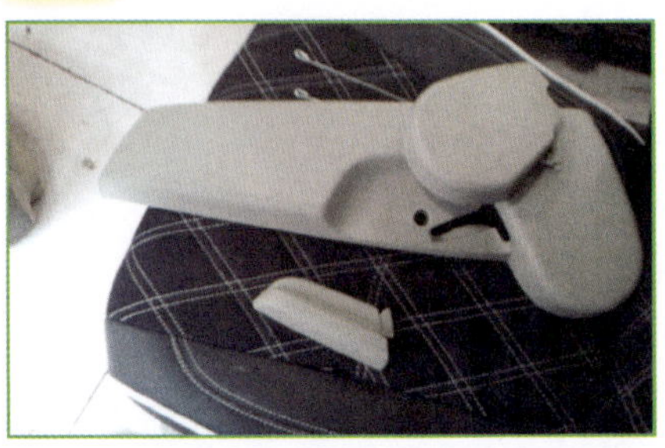

拆下座椅旁边的下护板，并将其放到其他地方，以免不小心刮花。

3 拆开座椅底座罩

将座椅底座罩的固定卡子拆掉。

4 拆卸底座的固定卡及座椅加热线束

小心地拆卸底座的固定卡及座椅加热线束，以免造成损坏，同时拆开座套。

5 拆卸座椅靠背的卡钩

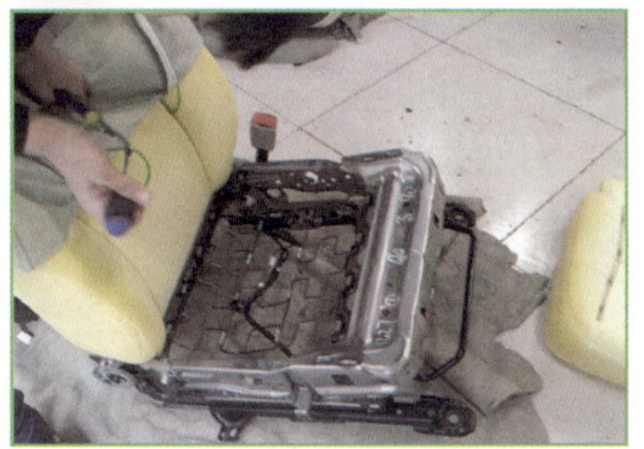

松开座椅靠背的卡钩。

6 拆开座椅靠背套

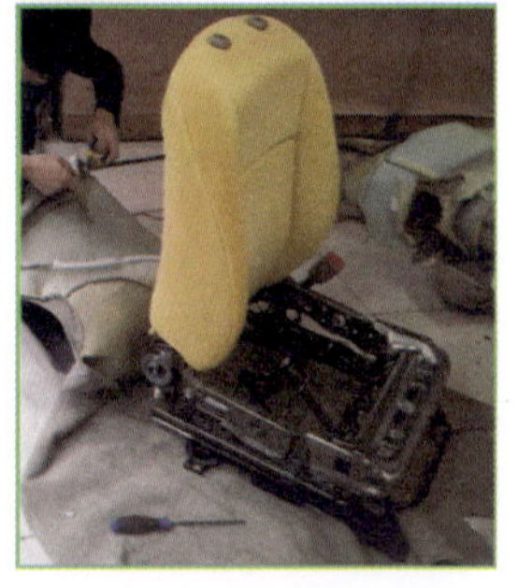

拆开座椅靠背套，然后取出卡钩以便安装使用。

7 定型座套

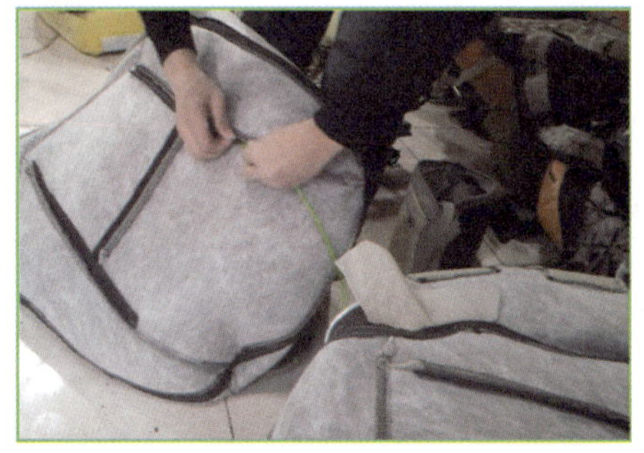

将绿色的胶管穿到座套背槽，用于定型座套。

8 将靠背座椅座套套入靠背海绵

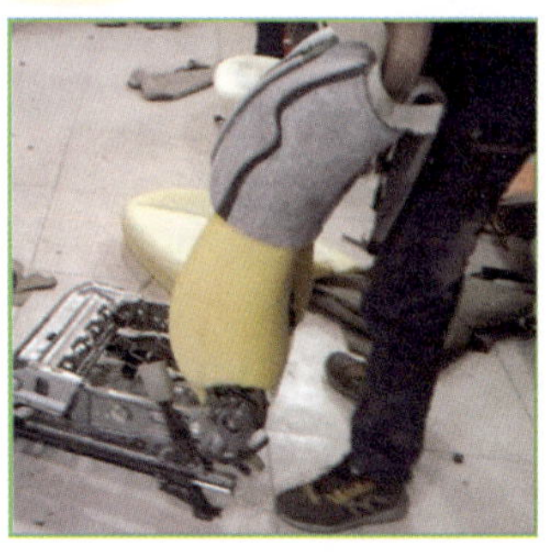

将靠背座椅座套套入靠背海绵，确保已将其拉直铺平。

9 将真皮紧固至海绵靠背

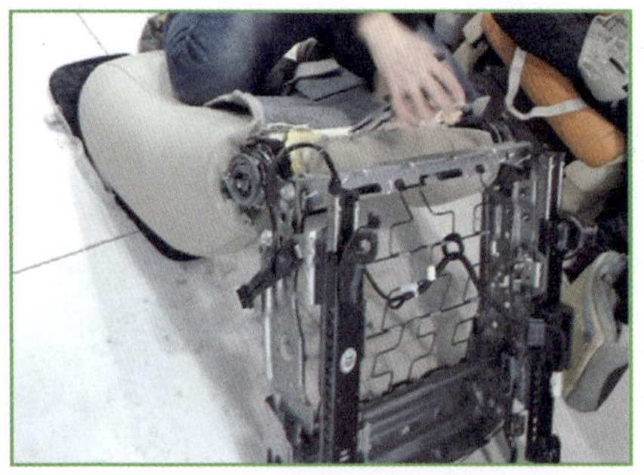

用专用钳子小心地将真皮衬垫紧固至海绵靠背垫，然后将卡子穿过椅套背面的突出部分和绿色胶管，夹紧即可固定完成靠背安装。

10 将真皮紧固至海绵座垫

将真皮紧固至海绵座垫，用专用钳子夹紧即可固定海绵座垫。

11 安装座椅座垫至座椅支架

安装座椅座垫至座椅支架，然后将固定卡子卡到位即可。

12 安装头枕

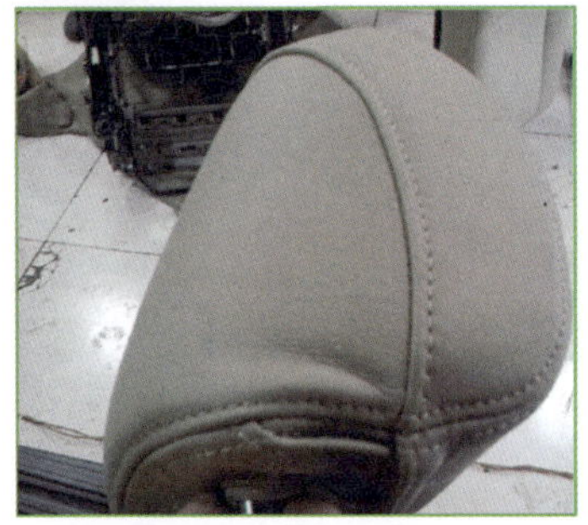

将头枕包好，并修整头枕真皮罩。

13 安装头枕并用吹风枪吹平座椅真皮

安装好后座椅后用吹风枪吹平座椅真皮并铺平。

14 安装座椅下护板

将座椅真皮拉平并安装好座椅下护板即可完成前排座椅的安装。

15 安装后排座椅靠背

16 安装完后进行修整

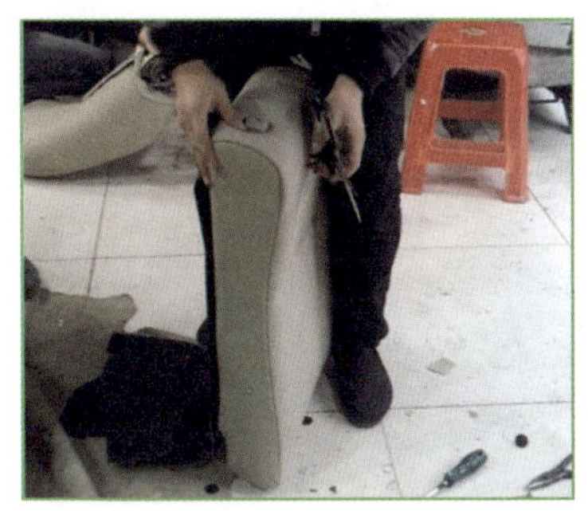

17 安装后排杂物箱

18 安装后排座垫

19 安装车内扶手箱真皮

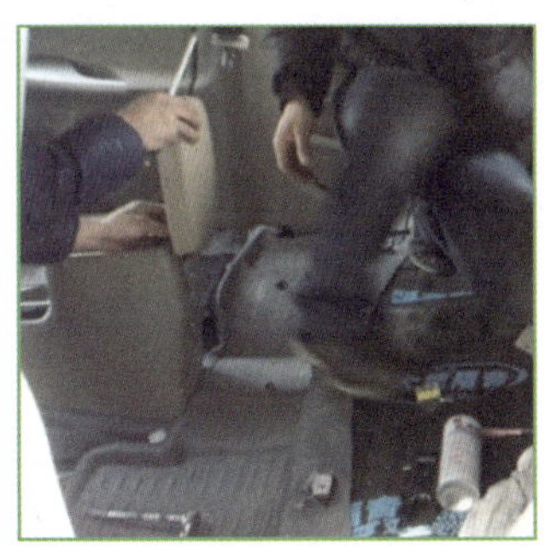

20 将后排靠背搬到车内并调整安装位置

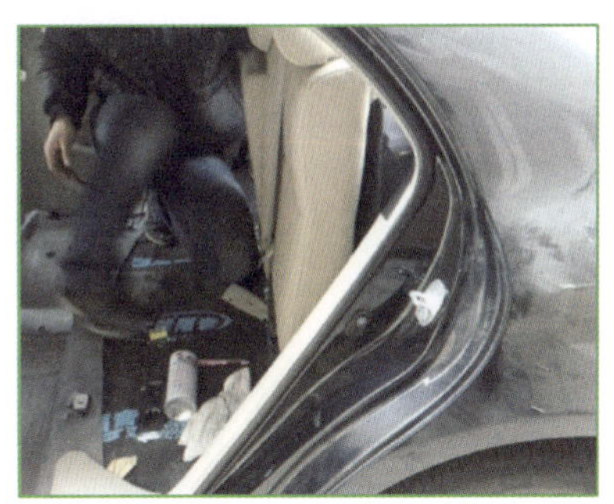

21 紧固后安装后排座椅靠背

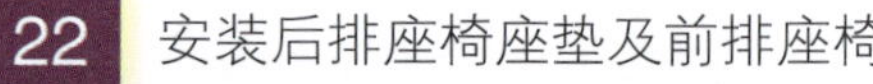

安装座椅座套

安装后排座椅靠背

安装后排座椅座垫

项目三十三 车内星空顶的改装

一、车内星空顶的改装常识

星空顶改装主要是将汽车车顶幻化为繁星点点的夜空，营造出一种梦幻般的氛围，使其达到如梦如幻、绚丽多彩的视觉效果，给乘客以温馨浪漫的感觉。

1. 选购

（1）选购控制器时，要买无线方式的遥控器，尽量不要购买红外遥控器的，因为控制器如果安装在隐藏的地方，红外遥控器就无法正常操作。

（2）购买的光纤长度要以合适为宜。

（3）胶水可以用光纤专用的 306 速干胶或玻璃胶，绝不能用 AB 胶、502、热熔胶，因为这类胶热量很大，会腐蚀光纤。

2. 安装注意事项

（1）电钻的钻头应选用直径 1.5mm 或 1.3mm 的。

（2）钻孔时一定要提前确认好控制器的安装位置，同时要根据光纤长度和数量来确定顶棚钻孔位置和间距。

（3）粘光纤固定点时一定要把光纤线绕过后顶灯的位置。

（4）安装时待每个光纤固定点的胶水凝固后再剪掉正面的光纤线。剪掉之后再检查一下每根光纤是不是都能露出点。确保没有问题后应把背面用贴膜或隔音膜贴起来，起到保护光纤的作用。

二、车内星空顶的改装施工流程

1 从车内拆下顶篷

2 用油性笔在顶篷背面做光纤安装标记

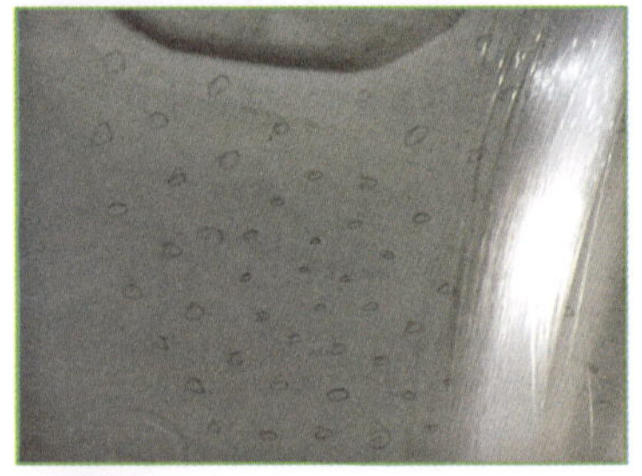

3 用手钻钻孔并穿光纤

4 固定每个光纤点

5 剪掉光纤正面露出多余的部分

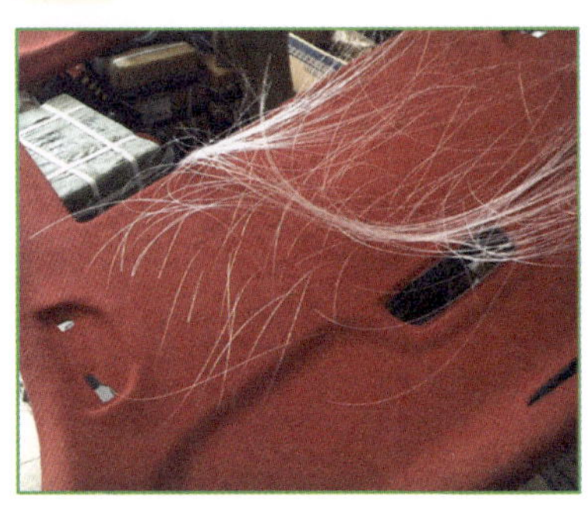

6 重新检查确保每根光纤都固定牢固

7 测试制作星空顶效果

8 重新安装顶篷

9 选择合适的位置固定控制器

10 根据线路图连接控制器电源线

11 测试室内灯及星空顶工作情况

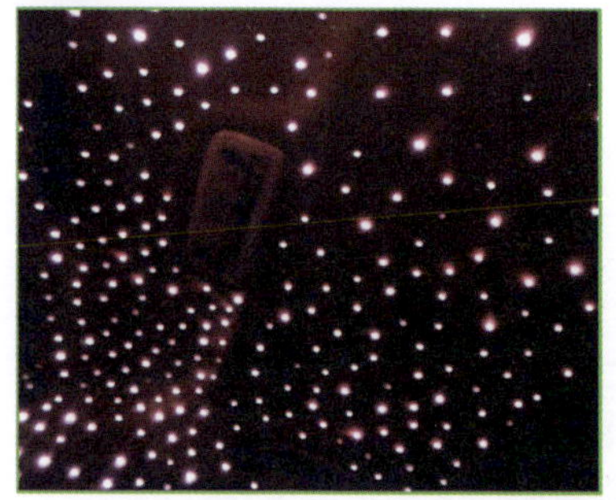

12 绚丽的星空顶效果

星空顶效果

9

第九章

汽车改装

项目三十四 轮胎的改装

一、轮胎改装常识

<table>
<tr><td rowspan="4">1. 改装轮辋的主要参数</td><td>（1）PCD 值：PCD 值指的是轮胎螺钉形成的圆的直径，单位为 mm。德国车基本为 5 孔，如奔驰基本上都是 5 × 112mm，而宝马多为 5 × 120mm。国内常见的车型为 4/5 × 100/114.3mm。越野车多为 6 × 139.7mm。</td></tr>
<tr><td>（2）偏距（OFFSET/ET）：偏距越小，轮距也就越大，升级轮辋后根据轮辋宽度不同轮距会变化，如果升级了轮辋，需要考虑轮毂是否会和里面的减振器以及外面的挡泥板干涉（这方面知识将在后面图解），合适的偏距大小可以确保轮毂不发生干涉，例如奥迪 A8 原款 16 × 7.5 为 ET38，18 × 8 为 ET35，19 × 8.5 为 ET30。</td></tr>
<tr><td>（3） 距（制动轮缸至轮圈底面距离）：X 距会影响到制动盘，一般要求大于 27mm。</td></tr>
<tr><td>（4）中心孔：中心孔用以确保轮辋几何中心可以和轮毂几何中心吻合。各车都不一样，例如奔驰一般为 66.6mm，宝马一般为 72.6mm。如果轮毂的中心孔过大，一定要用中心孔套环，否则高速行驶时车会抖动。</td></tr>
<tr><td rowspan="3">2. 轮辋形式</td><td>（1）传统多爪式：采用传统的细条五爪或六爪型的设计，属于经典的耐看式样，提高散热效率。至于三爪或四爪式轮辋，虽然更能散热，但是由于支撑条辐太少，容易扭曲，耐撞击的能力和强度较差。</td></tr>
<tr><td>（2）辐射线式：采用多辐式，甚至是类似树枝形状的造型设计，感觉很有运动气息，其平衡对称的镂空间隔，散热效果好。</td></tr>
<tr><td>（3）包覆式：采用多个大面积的轮辐，具有豪华高档的特点，但散热性能差。</td></tr>
<tr><td rowspan="2">3. 轮胎改装原则</td><td>（1）圆周不变：轮胎的圆周大小对仪表的精确度会造成影响，所以无论是维持原先的规格，或者是更换更宽大的轮胎，都要以不改变或者尽量少改变轮胎圆周为前提。轮胎的直径误差应在 3%以内。</td></tr>
<tr><td>（2）驾驶方式与行车环境
1）以舒适性为导向的轮胎，应选用轮胎扁平率不会太小，花纹比较细碎且胎壁较为柔软的轮胎。
2）以高速过弯、急起步、急制动为导向的轮胎，应选用单导向胎纹为主的轮胎。
3）潮湿多雨的环境，轮胎的排水性尤其重要，应选用雨胎或者湿地胎。
4）常年积雪的环境，最好选择雪地胎，以增加接触面积或提高抓地性。</td></tr>
</table>

二、轮胎改装施工流程

1　确定轮辋尺寸

首先选择轮辋尺寸，以便确定轮胎尺寸。

2　拆下原车辆轮胎

拆下原车辆四个车轮的轮胎。

3　将轮胎安装至轮毂上

在轮胎安装专用工具上安装轮胎，并充气到标准气压。

4　进行动平衡测试

分别对四个车轮的轮胎进行动平衡测试。

知识链接

轮胎动平衡的测试方法：

（1）根据轮辋中心孔的大小选择锥体，仔细地装上车轮，然后用大螺距螺母紧固。

（2）打开车轮动平衡机电源开关，检查控制装置的面板是否指示正确。

（3）用卡尺测量轮辋宽度、轮辋直径（也可从胎侧读出），用动平衡机上的标尺测量轮辋边缘至机箱距离，然后将三个数值键入指示与控制装置中去。

（4）放下车轮防护罩，按下起动键，车轮旋转，动平衡测试开始，自动采集数据。

（5）车轮自动停转或听到“嘀嘀”声后按下停止键并操纵制动装置使车轮停转后，从指示装置读取车轮内、外不平衡量和不平衡位置。

（6）抬起车轮防护罩，用手慢慢转动车轮。当指示装置发出指示（显示点阵或显示检测数据等）时停止转动。在轮辋的内侧或外侧的上部（时钟 12 点位置）加装指示装置显示的该侧平衡块质量。内、外侧要分别进行，平衡块装卡要牢固。

知识链接

（7）安装平衡块后有可能产生新的不平衡，重新进行平衡实训，直到不平衡量小于 5g，指示装置显示“00”或“OK”时才能满意。当不平衡量相差 10g 左右时，如能沿轮辋边缘前后移动平衡块一定角度，将可获得满意的效果。

（8）关闭电源开关。

5 更换改装后的轮胎

更换改装后的四个轮胎，并紧固到规定的力矩。

6 安装四轮定位仪

按照四轮定位仪安装方法进行安装和调整。

知识链接

四轮定位仪的安装方法：

（1）将四个传感器按照对应车轮的位置安装到卡具上。

（2）连接通信电缆和转角盘电缆。

（3）电缆连接好之后，拔掉转角盘和后滑板上的固定销。

（4）将车辆举升后落到举升机最低一格的安全锁止位置，以保证举升平台处在水平状态。四轮定位仪开机，传感器上的电源指示灯亮，按“R”键或相应的位置键激活各个传感器，把传感器放水平后拧紧固定旋钮，水平气泡处在大致中央的位置即可。

7 调整车辆定位数据

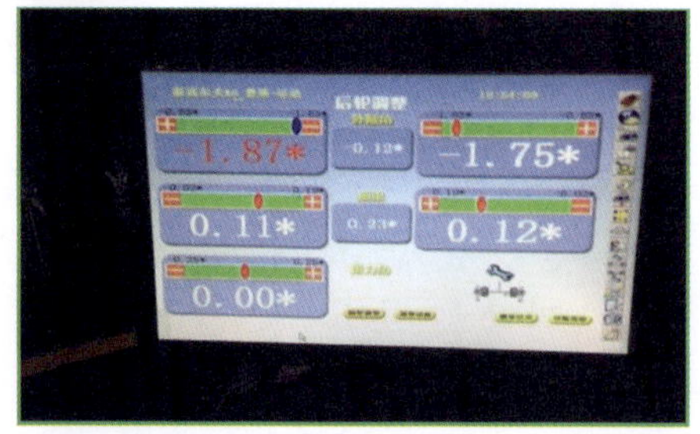

按照原车数据进行四轮定位并调整到规定要求。

8 检查四个轮胎

将车辆移出工位并进行路试，检查四个轮胎安装后的效果，最后清洁干净工位即可完成。

知识链接

四轮定位仪的操作方法：

（1）开机之后，四轮定位仪处理程序会自动进入测量程序的初始状态，等待用户进行下一步的操作。按 F3 键可前进到下一步。

（2）屏幕上出现“TEST”，表示系统正在刷新所记忆的上次测量的信息，然后开始进入测量程序。

（3）测量前的准备工作，包括输入登记表格，选择车型和偏位补偿。输入登记表格时，一般可以按照车牌号码或维修单编号来输入相应条目，以便将来调取。填完表格之后，按 F3 键进入车型选择界面。选择出对应于所测车辆的车型之后，如果需要做偏位补偿，则按 F3 键前进，否则按 F4 键停止。

（4）按 F4 键进入到四轮定位调整界面，画面首先提示锁正方向（按 F3 键可看出被测车辆的车轴偏角）再按 F4 键进入后轮调整界面，只需按照显示界面提示顺序从上至下，将数据调到规定要求即可（显示界面被调数据变绿且位置居中）。

（5）后轮调整完后，按 F4 键进入前轮调整，同样按照显示界面来调整即可。

拆卸轮胎

安装轮胎

项目三十五 发动机进气系统改装

一、发动机进气系统改装常识

1. 系统组成	发动机进气系统包括空气滤清器、进气歧管、进气门等。空气经空气滤清器过滤掉杂质后，流过空气流量计，经过进气道进入进气歧管，与喷油器喷出的汽油混合后形成比例适当的可燃混合气。通过进气门进入气缸点火燃烧，产生动力。
2. 相关术语	（1）容积效率：容积效率是指每一个进气行程中，气缸所吸入的空气在标准大气压力下所占的体积与气缸活塞行程容积的比值。降低进气阻力、提高进气压力、降低进气温度、降低排气回压、加大进气门面积都可提高容积效率。

（续）

2. 相关术语	（2）充气效率：充气效率是指每一个进气行程所吸入的空气质量与标准状态下占有气缸活塞行程容积的干燥空气质量的比值。大气压力高、温度低、密度高时，发动机的充气效率也将随之提高。
3. 进气系统改装方法	**学习提示** 进气系统的改装就是要提高发动机的容积效率与充气效率。
	（1）换装空气滤清器：进气系统改装的基础工作就是换用高效率、高流量的空气滤清器滤芯。换装高流量的空气滤芯可降低发动机的进气阻力，提高发动机的进气量及容积效率。同时，供油系统中的空气流量计测出进气量的增加后，将信号送至ECU，ECU便会控制喷油器喷出较多的燃油与之配合，让较多的油气进入气缸，从而提高发动机的输出功率。
	（2）换装进气道：进气道的改装通常是形状及材质同时改变，并将进气口延伸至车外，直接指向前方，以便随着车速的提高使进气压力增加而提高进气量。
	（3）直喷式进气歧管：直喷式的进气歧管与经过空气动力学设计的碳纤维进气道是最佳的组合，尤其在将发动机降低后，利用发动机上方所空出的空间，安装一大型进气导管，开口与散热器护罩充分配合，让空气有效地送达后方的进气歧管。
	（4）增加进气装置：除了由原来空气滤清器吸入的空气外，另外再增加涡轮增压装置，导入适量的新鲜空气来提高容积效率。

二、发动机进气系统改装施工流程

（一）换装空气滤清器的施工流程

1 拆卸空气滤清器

将原车上的空气滤清器拆下。

2 拆卸空气进气软管

将原车上的空气滤清器与节气门上连接的进气软管拆下。

3 更换空气滤清器和进气管

更换蘑菇形的空气滤清器和钢管材质的进气管，然后将其紧固。

（二）增加进气装置的施工流程

1 安装进气管道

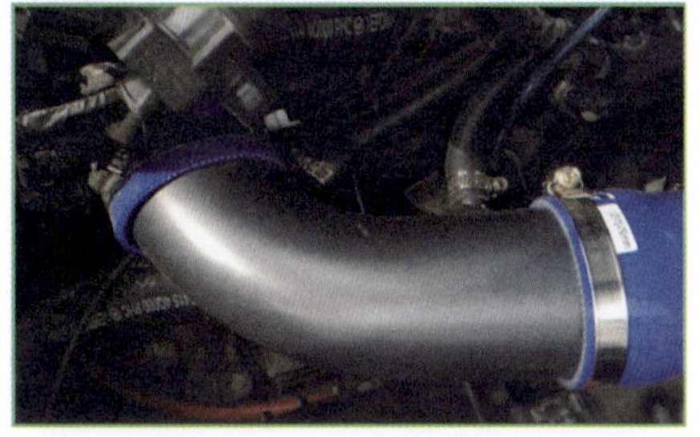

取出原车进气箱，将空气流量传感器安装在主机与风箱之间。

2 安装控制接线

将发动机转速传感器信号线和节气门传感器信号线接上，然后将电动涡轮电源正负极端子对应连接至蓄电池。

3 安装电动涡轮

将电动涡轮连接好，然后使用支架将涡轮整体固定。

4 安装碳纤维风箱

连接碳纤维风箱，并将其固定好。

5 安装数字控制器

将数字控制器固定好，安装完成之后设置电动涡轮开启模式。

知识链接

数字控制器功能设置方法如下：

（1）安装好后，将空调关闭，等冷却液温度正常、怠速稳定后，再长按“★★”键，听到主机“嘀、嘀”响两声即松开，以此学习车辆信息。

（2）控制器带自动休眠功能，3min 不按按键即关闭显示，但不影响涡轮使用，需操控按键只需重按“▼”键、“▲”键任一键即可激活显示。

（3）查看当前状态：短按“★★”键一下，可显示产品型号和当前工作模式。

（4）设置工作模式：连续短按“★★”键两下，再按“▲”键循环至需要使用的工作模式停止即可。

（5）查看电压参数：待机状态按“▲”键，将指示灯移至电压处即可，按“▼”键可切换学习的基准电压与即时电压。

（6）查看开度参数：待机状态按“▲”键，将指示灯移至开度处即可，按“▼”键可切换学习的基准开度与即时开度。

（7）模式设置形式：P0 为手动档适合模式，P1 为自动档适合模式，P2 为静音模式，P3 为赛车模式。

项目三十六 发动机排气系统改装

一、发动机排气系统改装常识

1. 作用	减少排气回压，使吸、排气的交替更加顺畅，增强发动机动力。
2. 排气管的俗语	（1）前段又叫排气歧管，是将各缸排出来的废气汇集到中段。

（续）

2. 排气管的俗语	（2）中段安装有三元催化转换器，主要功用是将废气中的 NO_x、HC 等气体的排出量减少，以防止污染空气。
	（3）尾段的功用是减少排气噪声。
3. 改装方法	（1）连接尾段的排气中段的改装主要是加粗，更换轻量化的材料。
	（2）增加排气的管路，由单排改为双排。
	（3）由双排改为四排。
4. 选装排气管的注意事项	（1）尽量选择知名品牌。选择知名品牌，如 Devil、REMUS、Sebring、Apexi、Sard 等，但是由于运费及关税等原因，价格比国产的高很多。
	（2）选择原装位的尾排。所谓原装位就是使用车辆原有的排气吊挂系统，无需更改吊挂位置。因为原车的吊挂系统都采用橡胶缓冲块这种软连接的方式固定排气管，如果采用非原装的改装排气管，这时因为安装位置需要改变，同时大小和长度与原车不符，所以这一类的排气管在安装过程中往往无法使用原车的排气吊挂系统，而需要通过焊接辅助的连接杆与车身固定，从而使吊挂系统由原来的依靠橡胶缓冲这种软连接方式固定变成硬连接方式固定。硬连接不能像软管那样可以吸收共振，因此这种共振会完全传递到车身，同时，由于焊接会产生退火，所以在共振的作用下，焊缝处非常容易开裂。

二、发动机排气系统改装施工流程

1　人为制造连接口

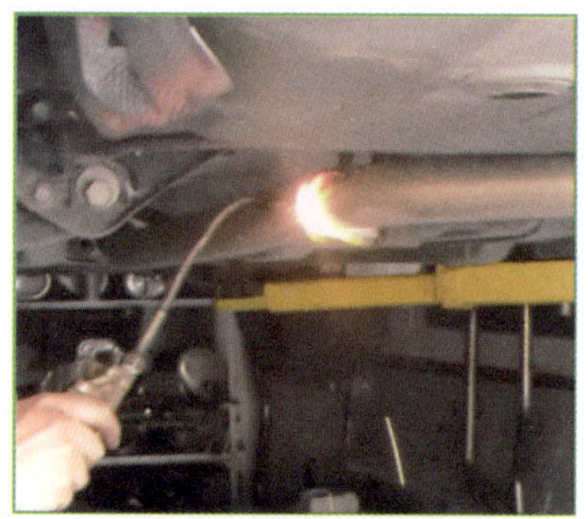

使用氧焊切割原装排气管，在排气管中间形成一个连接口。

2　连接加装的排气管

将连接口切割到适合位置，然后连接加装的排气管。

3 焊接连接口

将加装的排气管与原装排气管焊接在一起。

4 焊接中间连接口

将加装的排气管与中间连接口焊接密封。

5 加装操作完成

驾驶车辆检查加装排气管后的效果，若效果良好则加装操作完成。

项目三十七　汽车天窗加装

一、汽车天窗加装常识

1. 作用	加装天窗能够增加进入车内的新鲜空气，使车内空气流通，将车室内污浊空气（如：湿气、烟味等）排出车外，避免车内产生异味，保持室内空气的清新，降低车内温度。
2. 原装天窗与加装天窗的区别	原装天窗是汽车在出厂时就安装完成的，出于成本考虑，功能单一，不能满足所有车型的安装需求。而加装天窗的功能较全，质量较好，可以满足各种车型需要。
3. 天窗分类	（1）内藏式天窗：内藏式天窗指的是滑动总成置于内饰与车顶之间的天窗。其优点是天窗开口大，外形简洁美观。但是如果是加装，这种内藏式天窗价格相对较高，而且要将车顶内饰重新装饰，要求的施工技术高。
	（2）外掀式天窗：外掀式天窗具有体积小、结构简单的优点，还有手动和电动两种分类。天窗倾斜升高，打开一定角度，但是开口大小很有限。
	（3）全景天窗：全景天窗实际上是相对于普通天窗而言的。全景天窗面积较大，甚至是整块玻璃的车顶，视野开阔，通风良好。全景天窗的缺点是成本较高，且车身整体刚度下降，安全系数降低。
4. 天窗养护	（1）经常清理滑轨四周，避免沙粒沉积，延长天窗密封圈的使用寿命。
	（2）开启天窗前，应注意车顶是否有阻碍玻璃面板运行的障碍物。
	（3）在洗车的过程中，避免用高压水枪将水柱直接对准密封圈，否则不仅容易让密封圈在高压水柱的压力下变形而使车内进水，也会在很大程度上损坏密封圈。

二、汽车天窗加装施工流程

1 车顶贴上天窗的样板

2 用电钻将车顶钻开

3 将车顶饰板按照天窗的样板切开

4 用专用工具切开车顶铁板

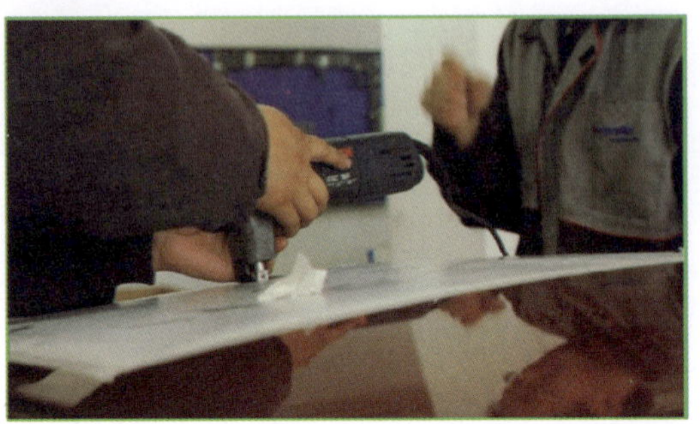

5 沿天窗的样板切开车顶铁板

6 用专用工具修整天窗边缘

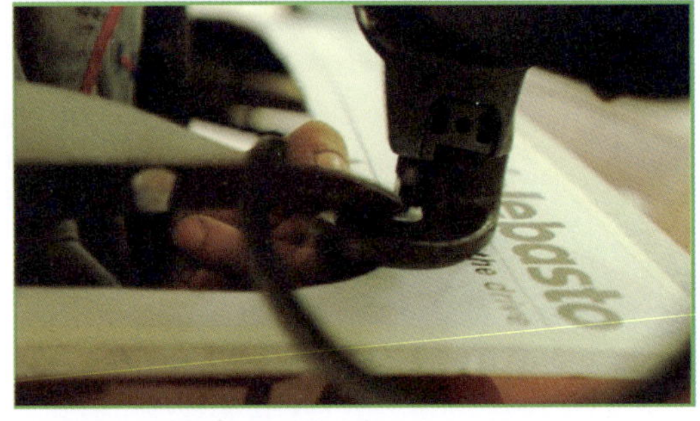

7 用细砂纸打磨天窗的框架四周

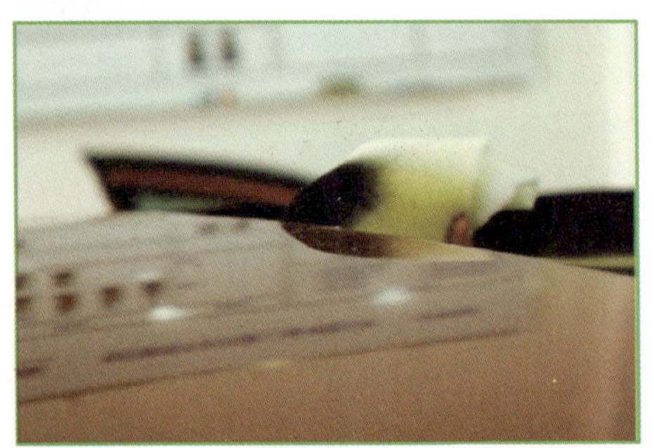

8 安装加装的天窗

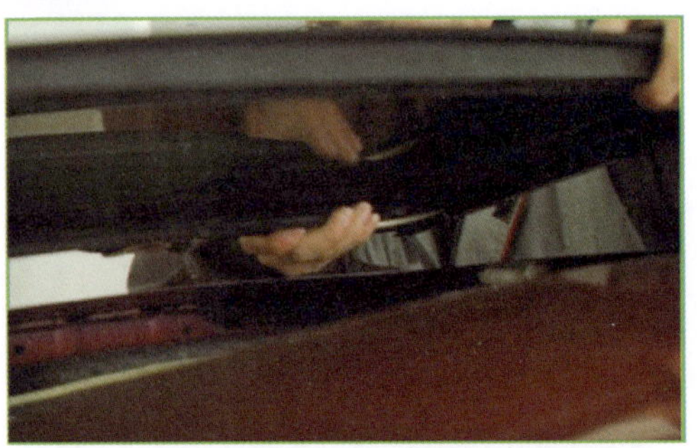

9 将天窗边缘进行密封

10 连接天窗的开关线路

11 连接天窗电动机线路

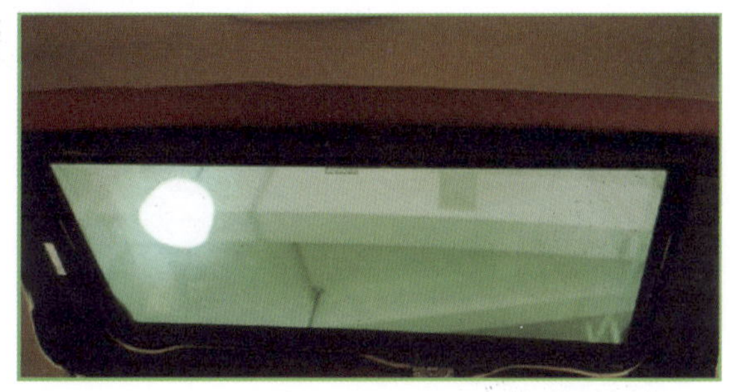

12 安装天窗内饰的框架

13 用电钻钻孔安装天窗开关

14 安装天窗开关

15 用水测试密封情况

16 检查天窗的安装效果

项目三十八 加装脚踏板

一、加装脚踏板常识

汽车脚踏板在越野车上使用较多，原因在于越野车一般离地间隙较高，安装脚踏板后使车内乘员能够方便地上下车，也可以防止上、下车时鞋子划伤车漆。

二、加装脚踏板施工流程

1 选择原厂车型对应的脚踏板

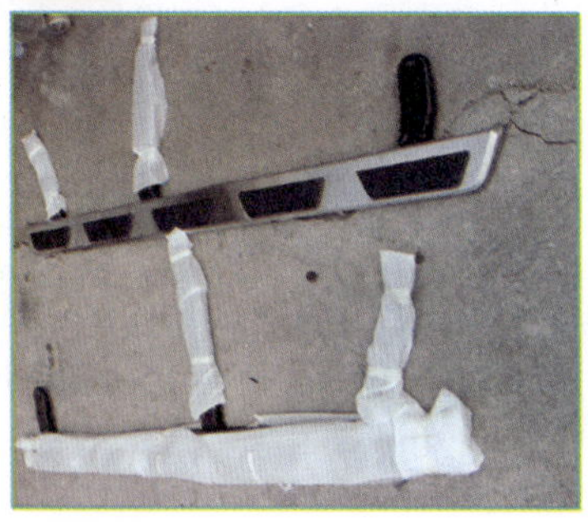

2 拆除底盘的塑胶板和螺栓孔位

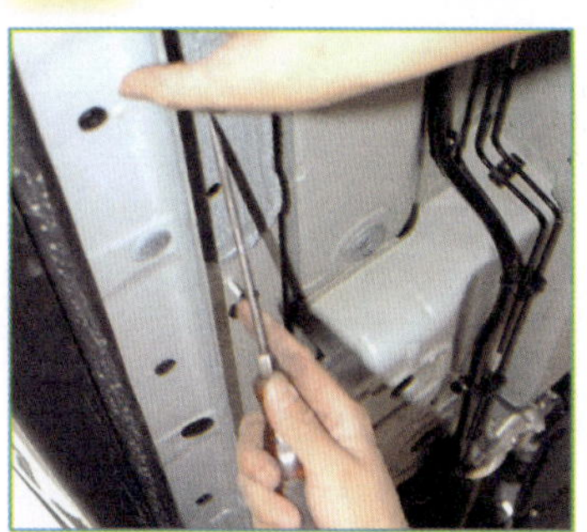

3 安装左边的前、后两个固定底座

4 装上左边脚踏板，右边的安装方法相同

项目三十九 制动系统的升级

一、制动系统的升级常识

制动系统升级主要包括制动摩擦片升级、制动油管升级、制动卡钳升级及制动盘升级等，具体方法如下。

（1）制动摩擦片升级时，要注意不要使用摩擦系数过大和超高温的制动摩擦片。一般选购工作温度在 0~500℃、摩擦系数在 0.4 以上的运动型摩擦片。

（2）制动油管升级主要是选用钢丝编织物制造的制动油管，它不但耐热，而且坚固的钢丝层能提供很好的保护作用，使制动油管受外物刺破的可能性降低。

（3）制动卡钳升级主要是换上一套大型多活塞的制动卡钳，目的是让产生在制动摩擦片上的压力均匀，使制动更加平稳。

（4）制动盘升级主要有三个选择。分体式制动盘成本较高，但可减轻制动盘的重量；通风制动盘有助于把在高温摩擦时产生的制动摩擦粉（屑）引走，避免它们留在制动盘和制动摩擦片之间，降低摩擦系数；钻孔制动盘则兼有散热、减重和引走制动摩擦粉的作用，但会减少摩擦面积和影响制动摩擦片的耐用性。

二、制动系统的升级施工流程

1 拆下原车的制动卡钳及制动盘等

2 装上制动卡钳固定支架

3 装上制动盘及制动卡钳

4 装上制动摩擦片

5 装上制动油管

6 排空制动系统的空气

项目四十　加装燃油催化器

一、加装燃油催化器常识

燃油催化器的作用是把原来体积较大的油分子团，催化为结构相对小的单个油分子，从而使汽油更易于在发动机内充分燃烧，进而提升发动机动力、降低排放污染、养护发动机、降低油耗。

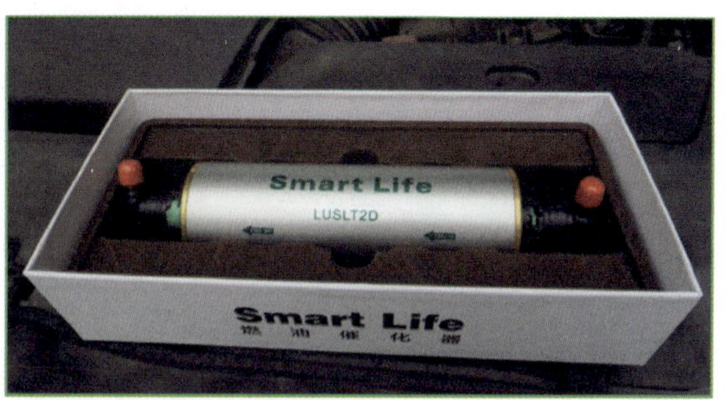

二、加装燃油催化器施工流程

1 拆卸原车燃油管

2 固定燃油催化器

3 加接专用进油管并接到燃油催化器

4 加接专用出油管并连接好油路

项目四十一 点火系统的改装

一、点火系统的改装常识

点火系统的改装可弥补原有点火系统的不足，缩短充磁所需时间，提高二次电压，降低跳火电压，延长火花时间，减少传输损耗，使其有足够的点火能量和准确的点火时间。

二、点火系统的改装施工流程

1 固定高压包

2 安装点火控制器

3 按照线路图连接控制线路

4 安装好新的点火线圈

10

第十章

车身电器的安装

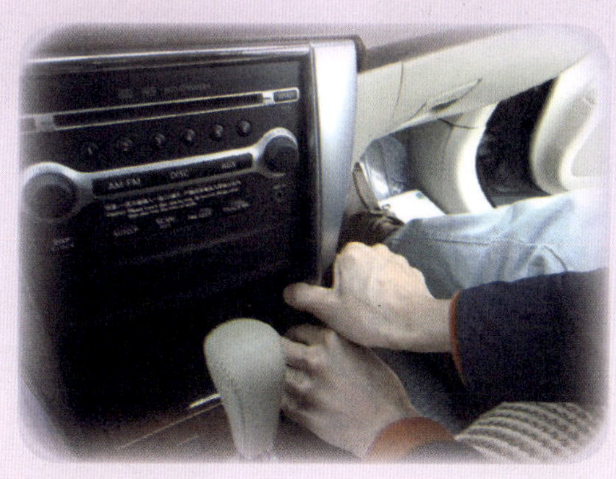

项目四十二 安装防盗器

一、安装防盗器常识

1. 防盗器的作用	防盗器就是安装在汽车内部的防盗装置，与汽车相关电路连接，可以锁止起动机、供油或点火系统的电路，起到警报、防盗作用。
2. 防盗器的组成	防盗器主要由防盗器主机、报警喇叭、遥控器、断电继电器、振动传感器、LED 灯、天线、线束、充电器等组成。
3. 安装防盗器的注意事项	（1）防盗器蜂鸣器必须安装在发动机舱内靠近前风窗玻璃下面，控制导线应循着车边隐蔽固定，并让汽车发动机舱盖正好压住。
	（2）发动机舱盖最好加装碰撞开关，在非正常打开时，防盗器蜂鸣器会鸣响报警。
	（3）后排车门应增加门控开关，倘若后门被撬开时，防盗器蜂鸣器会鸣响报警。
	（4）两厢车型的行李舱应增加门控开关或中控锁，以防窃贼从汽车后部进入车内。
	（5）整车最好能加装中央控制门锁。安装时应注意不能破坏车门内防水装置，否则会因漏水导致中央控锁失灵。

二、安装防盗器施工流程

1 取出防盗器

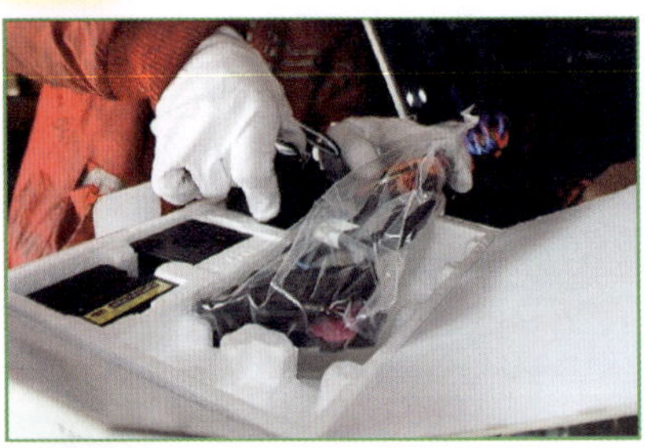

2 认真阅读操作说明书

3 拆开转向盘左侧饰板

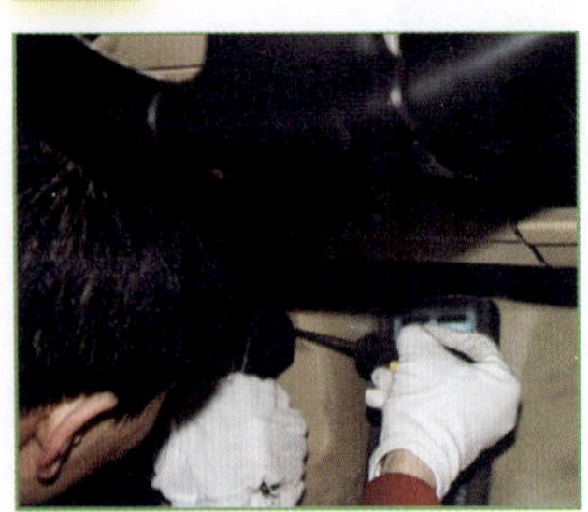

4 拆开左前门胶条

5 拆开原插头

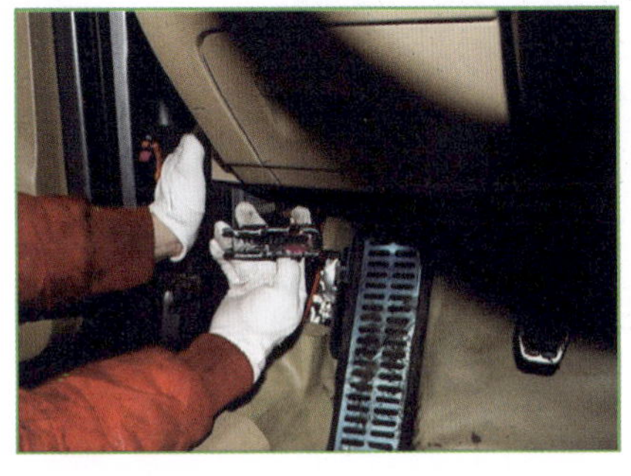

6 将防盗器带的原车插件直接插上

7 布置好连接线

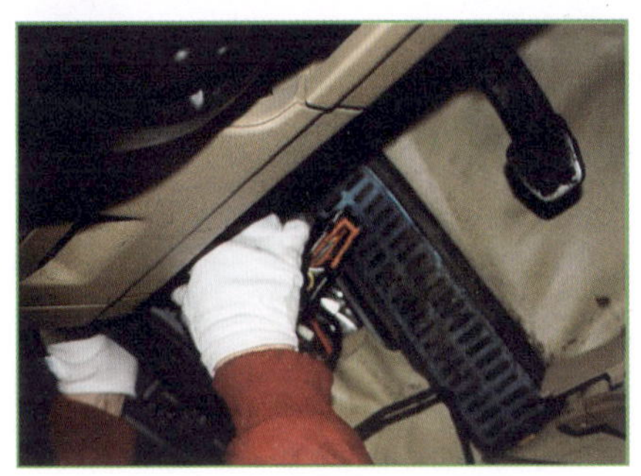

8 连接至发动机室的报警器接线

9 将防盗控制线束插接器连接到防盗主机上

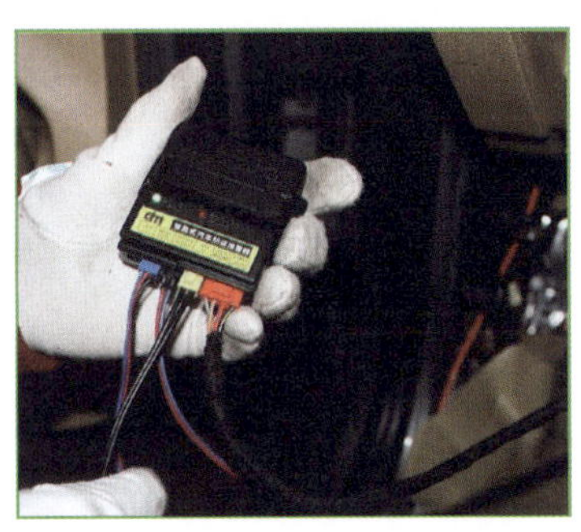

10 用粘扣将防盗主机粘贴在仪表板下方

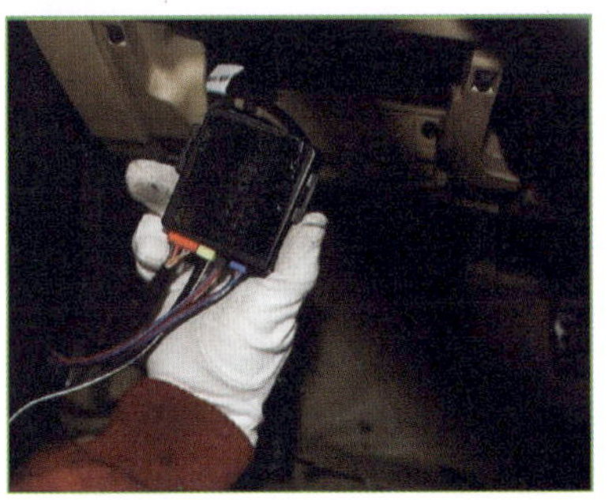

11 安装振动传感器并紧固

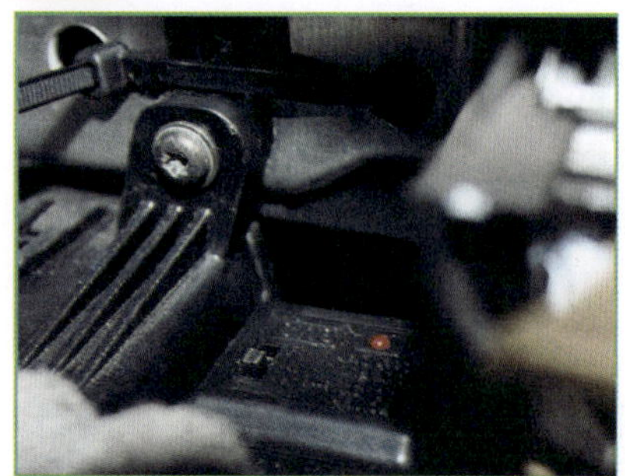

12 安装后重新检查，然后安装 LED 连接线

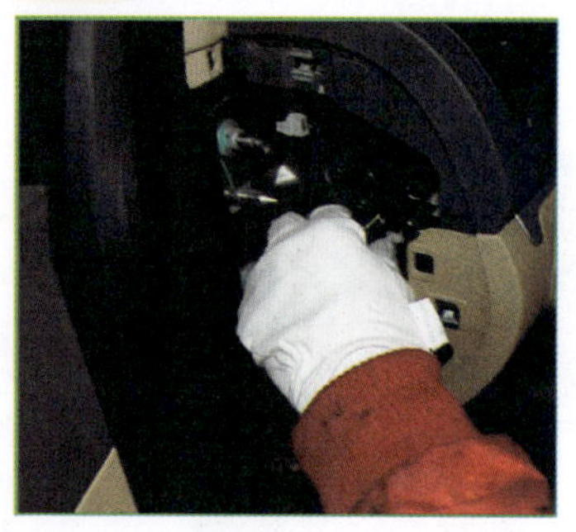

13 安装报警喇叭

项目四十三 安装倒车雷达

一、安装倒车雷达常识

<table>
<tr><td>1. 倒车雷达的作用</td><td colspan="3">倒车时，利用超声波原理，由安装在车尾保险杠上的探头发送超声波，车后的障碍物反射此声波，计算出车体与障碍物间的实际距离，然后，提示给驾驶人，使停车或倒车更容易、更安全。</td></tr>
<tr><td rowspan="3">2. 倒车雷达的安装</td><td rowspan="3">（1）粘附式安装</td><td>1）安装位置</td><td>学习提示
粘附式倒车雷达不需要在车体上开孔，只要将报警器粘贴在适当的位置即可。
报警器一般安装在尾灯附近或行李舱门边。探头安装的最佳宽度为 0.6~0.8m，安装的最佳离地高度为 0.5~0.7m。</td></tr>
<tr><td rowspan="2">2）安装方法</td><td>① 将附带的橡胶圈套在感应器（探头）上，引线向下并与地面垂直，探头一般不安装在汽车尾部，以免撞坏。</td></tr>
<tr><td>② 确定传感器（探头）安装位置，侧视 90° 应无障碍物，否则会影响探测结果，产生误报警。</td></tr>
</table>

（续）

2. 倒车雷达的安装	（1）粘附式安装	2）安装方法	③ 传感器贴合必须选择垂直方向，向上或向下均会影响使用。
			④ 用电吹风将双面贴加热，然后撕去面纸，贴到确定部位，48h 后便可达到最佳贴合效果。
			⑤ 报警器的闪光指示灯应安装在仪表台易被驾驶人视线捕捉的位置。
			⑥ 倒车雷达主机安装在安全、不热、不潮湿和不溅水的位置，通常将其安装在行李舱侧面。
			⑦ 蜂鸣器一般安装在后风窗玻璃前的平台上。
			⑧ 传感器屏蔽线应防止压扁或刺穿，且要隐蔽铺设。
	（2）开孔式安装	1）安装位置	开孔式倒车雷达适用于具有开孔式探头的报警器。探头一般安装在汽车尾部或保险杠上，其他部件的安装方式与粘附式安装相同。
		2）安装方法	① 在车尾或保险杠上开孔。
			② 将胶套安装在已打好的孔内。
			③ 将已接好的探头从基材背面安装在探头胶套上。
			④ 将探头喷涂成与车身或保险杠相配的颜色。
3. 倒车雷达的选购注意事项	（1）质量方面：选购时查看倒车雷达质量是否过硬，以及产品提供的服务及保修。		
	（2）功能方面：从功能方面区分，倒车雷达可分为距离显示、声音提示报警、方位指示、语音提示、探头自动检测等，一个功能齐全的倒车雷达应具备以上这些功能。		
	（3）性能方面：性能主要从探测范围、准确性、显示稳定性和捕捉目标速度来考证。倒车雷达性能方面的要求是测得准、测得稳、范围宽和捕捉速度快。		
	（4）外观工艺方面：作为汽车的内外装饰件，显示器和传感器（探头）安装后应与汽车颜色相协调，差异不可过大，以免影响美观。		

二、安装倒车雷达施工流程

1 选择倒车雷达

2 定位倒车雷达安装位置

3 选择合适的钻头打孔

4 清理孔周围的粉尘

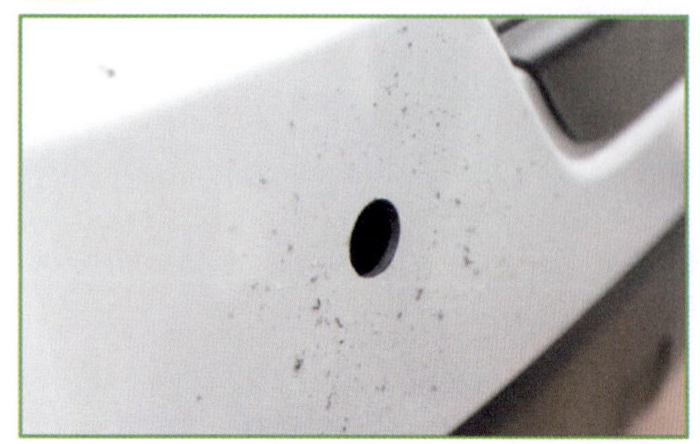

5 将探头小心压进孔内，确保安装指示箭头向上

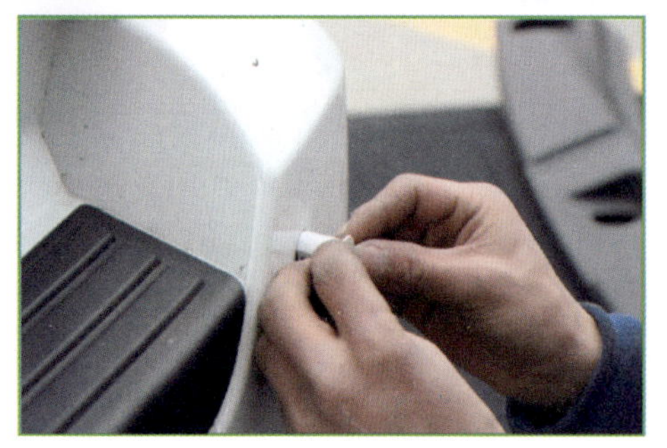

6 安装倒车雷达显示器

7 拆开前风窗玻璃饰板

8 取下前风窗玻璃饰板

9　布置倒车雷达显示器线束

10　安装前风窗玻璃饰板

11　将线束放进车门胶条内

12　沿车门胶条布置线束

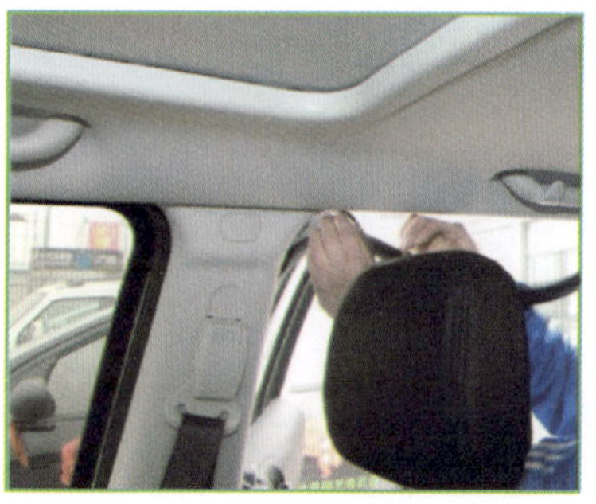

13　将线束布置到后车厢

14　查找倒车雷达电源和接地线

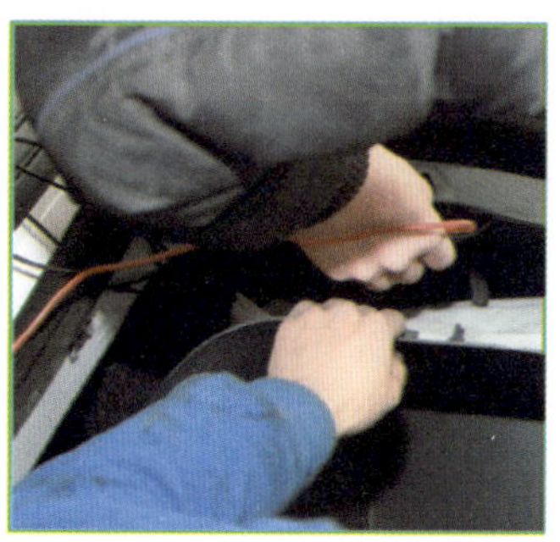

15 按照说明书连接好倒车雷达探头及主机接线

16 测试倒车雷达

安装倒车雷达的操作

项目四十四 安装氙气灯

一、安装氙气灯常识

1. 定义	氙气前照灯也叫 HID 气体放电式头灯，它是用包裹在石英管内的高压氙气替代传统的钨丝，提供更高色温、更聚集的照明。
2. 组成	氙气前照灯由安定器、灯泡、线材等组成。安定器将 12V 直流变为高压触发电，使氙灯亮度不变，输出功率稳定。
3. 安装注意事项	（1）HID 灯组件的安装，应由专业汽车电工来完成。 （2）安装 HID 灯组件时，注意不要用手接触 HID 灯泡的石英玻璃管，手上的污渍会使高温工作的 HID 灯泡留下痕迹，影响灯体寿命。 （3）安装安定器及灯泡的高压线时应注意清洁，不清洁的高压接头会漏电而产生起动困难的故障。高压线安装后，必须用尼龙扎丝将其固定，避免高压线和周围的金属摩擦。
	（4）选用 HID 灯具时，建议色温不超过 6000K，色温 6000K 以上光线偏蓝眩目，影响对方车辆视线，而且透雾性能差。
	（5）HID 灯适合用于近光灯，不宜装在远光灯上，因为 HID 灯的照度是普通卤素灯的三倍，装在远光灯上，其强光会影响对方车辆的视线，从而造成行车不安全。

（续）

4. 操作方法	（1）应等待车和发动机完全冷却后安装。
	（2）安装前确认车辆处于空档（或停车位置）。
	（3）确保安装时点火开关闭合。
	（4）等待车灯灯泡冷却后安装，小心被烫伤。
	（5）小心不要摔打和划伤灯泡，不要用手指触摸灯泡，会造成污点。
	（6）确保插接器及导线的连接正确。错误的连接会导致照明系统烧坏。
	（7）在调整灯泡时，不要让灯泡末端接触到前照灯总成的内遮光罩。
	（8）在前照灯的树脂或橡胶后盖上钻直径 25mm 的孔。
	（9）连接灯泡和高压起动器时，不要接反正负极。
	（10）连接安定器和电源时，不要接反正负极。

二、安装氙气灯施工流程

1 选择氙气灯

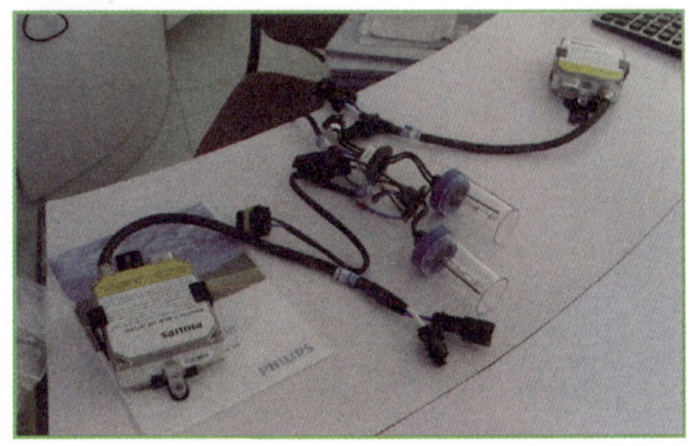

2 松开灯泡的固定夹，取下卤素灯泡

3 将同一型号的 HID 灯泡换入灯座内，然后将灯泡的夹具固定好

4 将 HID 灯泡的高压线伸出前照灯总成外

5 将 HID 灯盖密封

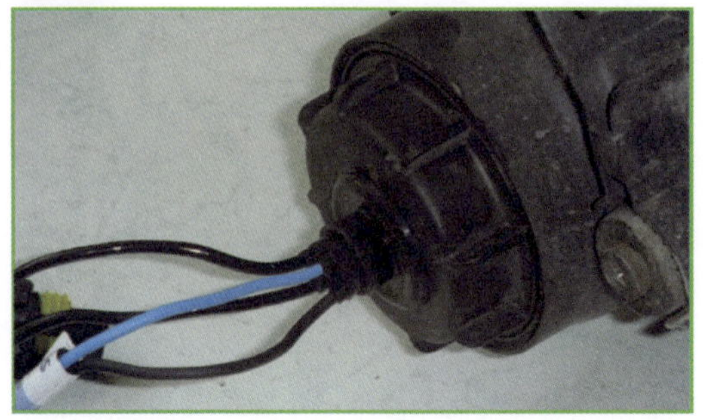

6 安装好前照灯

7 将 HID 灯的安定器固定在前照灯总成附近便于接线的位置（接线便捷、通风良好，避免靠近发动机、散热器等），每个安定器至少需要两个螺钉固定

安装前照灯的方法

项目四十五 安装音响

一、安装音响常识

1. 音响配件及安装工具	（1）工具	十字旋具、钳子、套筒、扳手、剪刀、电工胶布、12V 测试灯、万用表等。	
	（2）线材	1）电源线	依照电流需求不同，可分为 10 号线、8 号线、4 号线、2 号线及 0 号线，号码越小，线径越粗。
		2）信号线	信号线可分为同轴式和平衡式。
		3）喇叭线	依照电流需求不同，可分为 204 号线、203 号线、202 号线，号码越小，线径越粗。
	（3）配件	包括熔丝座、电源分配器、信号转换器、镀金蓄电池接线柱、连接端子等。	

（续）

2. 汽车音响的组成	（1）主机	包括卡带主机、单片 CD 机、多片 CD 机、VCD、DVD 等，为汽车音响信号的来源。大部分主机内含小功率功放，可直接推动喇叭，有些则需要额外的功放来推动喇叭。 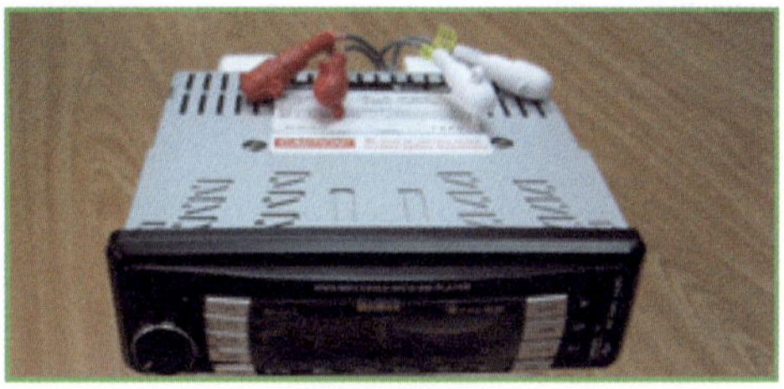
	（2）功率放大器	可分为单声道功放、双声道功放、四声道功放、六声道功放等。输出功率一般可为 50W、75W、100W、150W、300W……1000W 甚至更高的功率。 
	（3）喇叭	喇叭（也称扬声器），它主要分为低音喇叭、中音喇叭和高音喇叭。喇叭是把电信号转换成声音的电声转换器件，是汽车音响的终端元件。 
	（4）天线	天线用于接收广播电台或卫星信号的发射电波，并将接收到的信号进行电子放大和过滤，使收音机声音更清晰，频道更多。 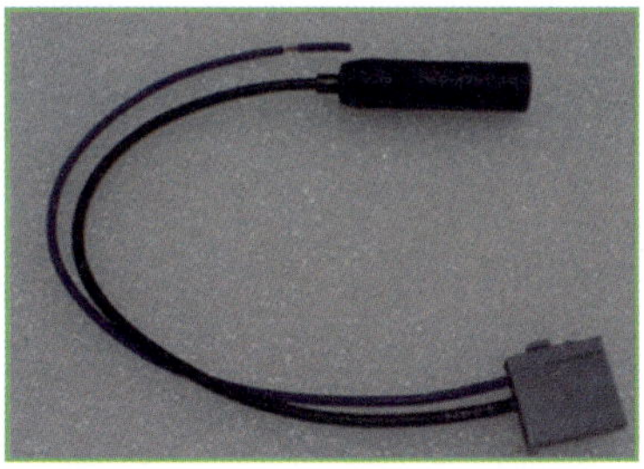

（续）

2. 汽车音响的组成	（5）多功能显示器总成及附件	多功能显示器总成及附件主要用于视频的显示或控制面板的操作。
3. 常用音响连接端标示	R．FRONT SPK+ 右前喇叭正极输出	
	R．FRONT SPK- 右前喇叭负极输出	
	L．FRONT SPK+ 左前喇叭正极输出	
	L．FRONT SPK- 左前喇叭负极输出	
	R．REAR SPK+ 右后喇叭正极输出	
	R．REAR SPK- 右后喇叭负极输出	
	L．REAR SPK+ 左后喇叭正极输出	
	L．REAR SPK- 左后喇叭负极输出	

二、安装音响施工流程

（一）音响主机安装施工流程

1 双手向外轻拔出原车主机装饰板

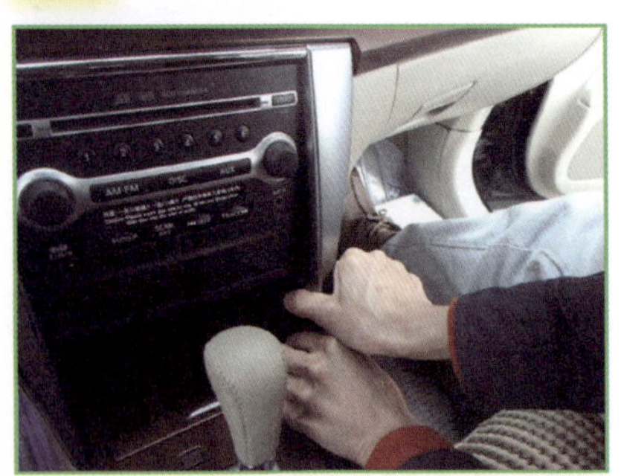

2 用十字旋具拆下原车音响前面的 4 颗固定螺钉

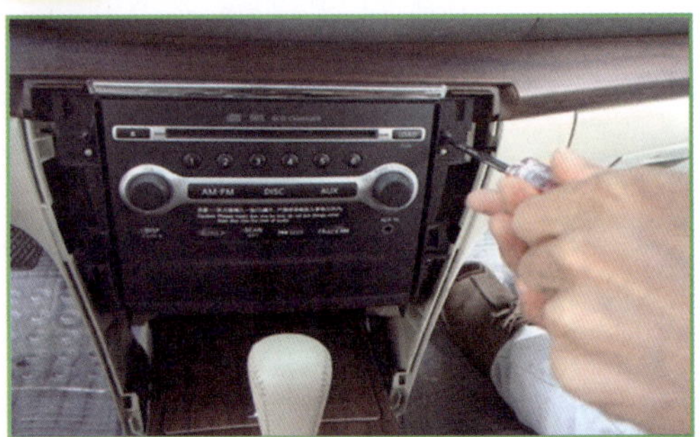

3 用撬刀撬松装饰框固定卡子

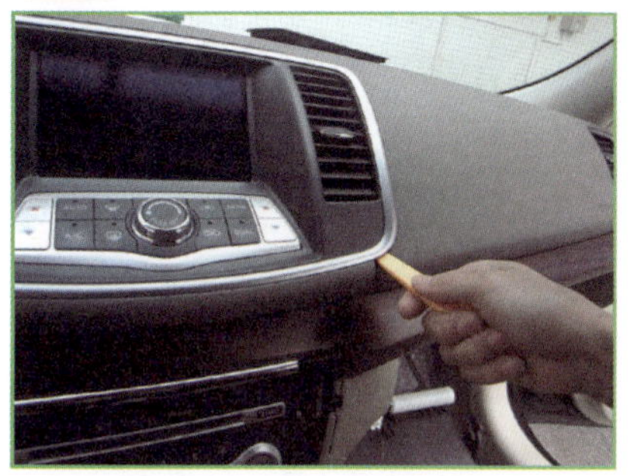

4 双手往外轻拉出装饰框

5 拔出空调连接线插头并取下装饰框

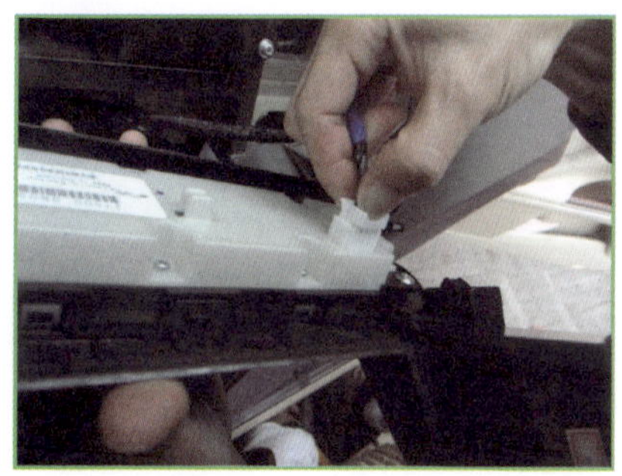

6 用螺钉旋具拆下音响和显示屏的 4 颗固定螺钉

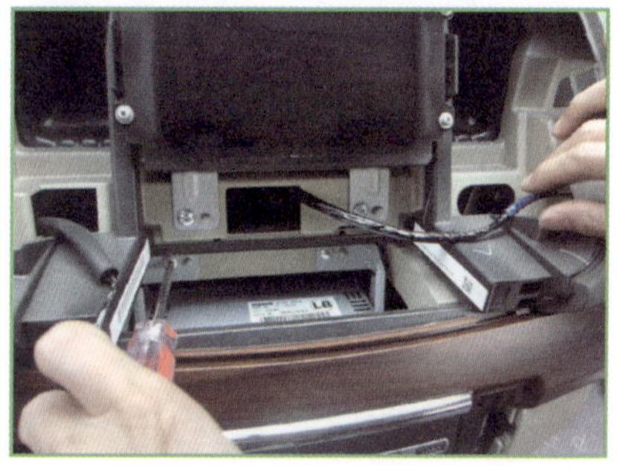

7 双手把屏往外轻拉出并分别拔出显示屏上的连接线插头

8 用撬刀撬松音响下面的装饰板并取下

9 用十字旋具拆下音响下面的2颗固定螺钉

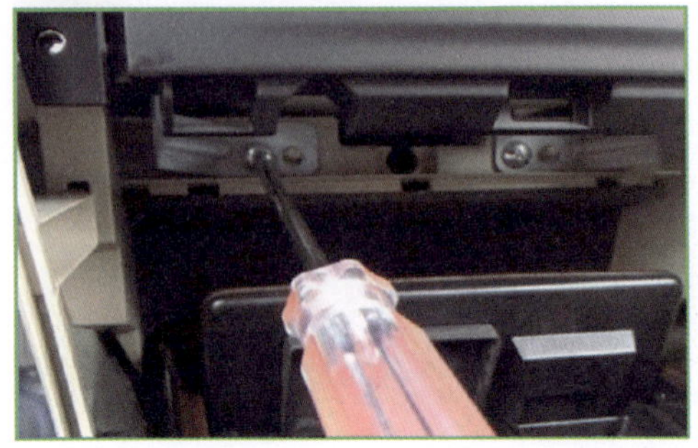

10 双手握住音响两侧往外轻拉出音响主机

11 分别拔出原车音响主机连接线插头

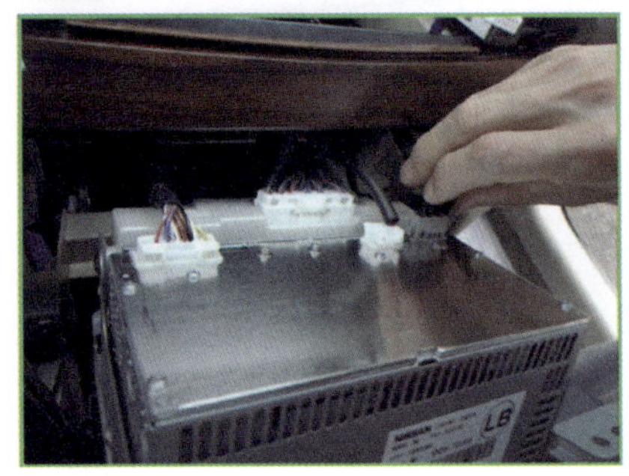

12 把原车显示屏拆下的螺钉安装在改装的显示屏上

13 用螺钉旋具拆下出厂时固定机芯的2颗螺钉

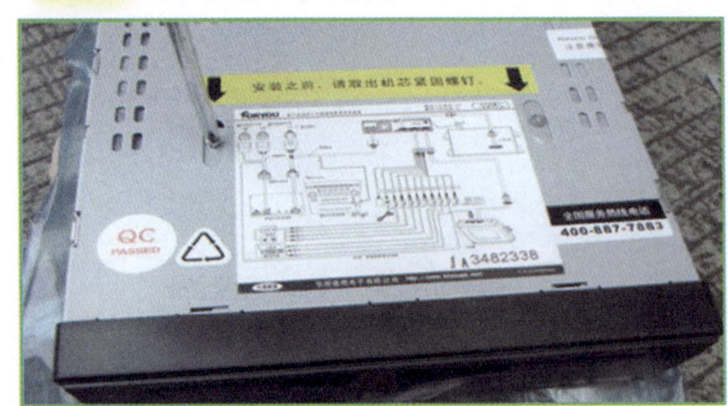

14 用十字旋具将固定支架安装到机芯上

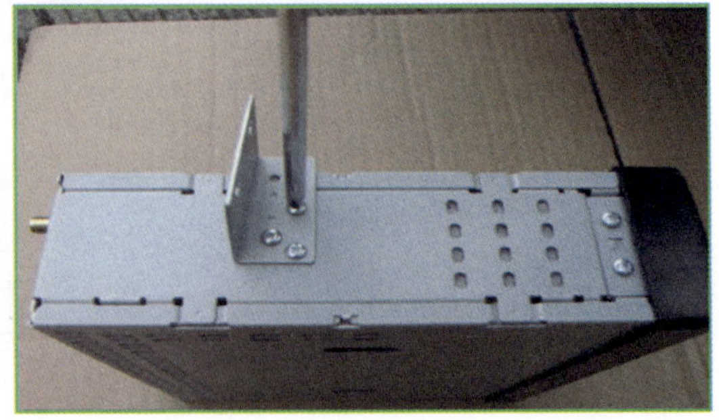

15 把改装显示屏连接线插头接上，然后把显示屏固定好，并安装装饰框

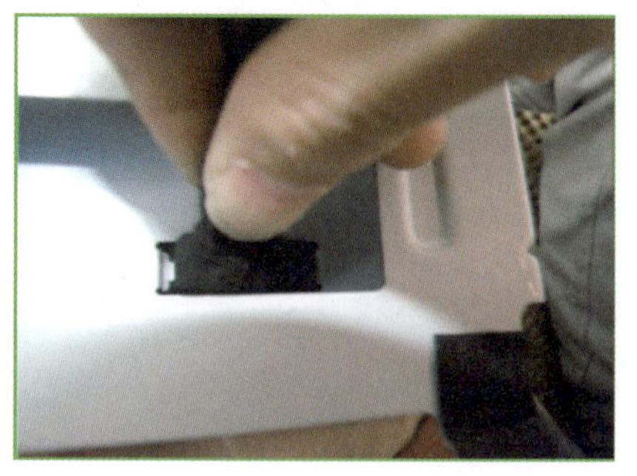

16 把原车音响主机连接线插头接好并安装好装饰框

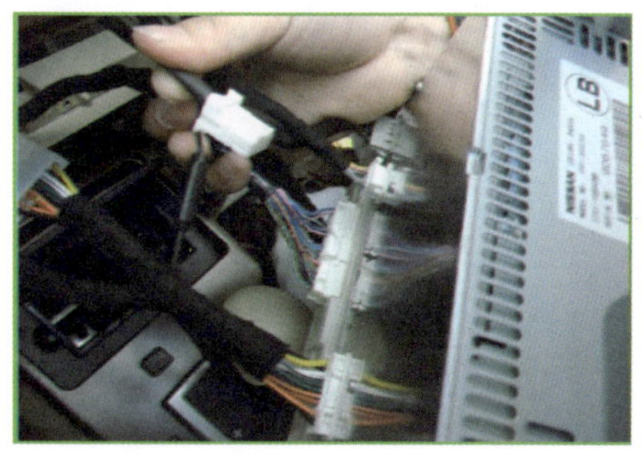

17 把 GPS 天线从防振胶夹绕缠到放置改装音响的位置

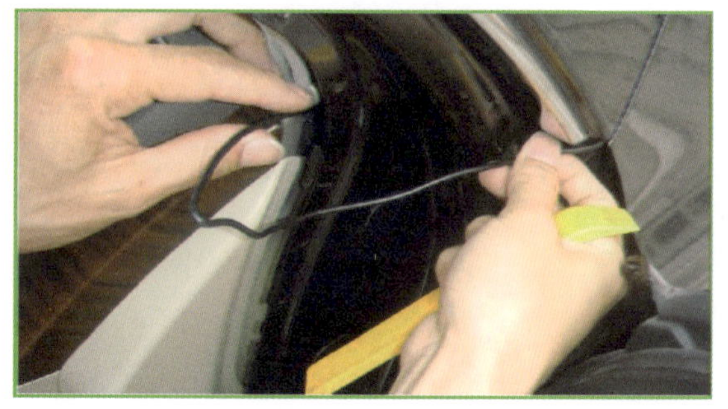

18 绕缠好天线后把防振胶夹还原压平

19 打开杂物箱饰板盖，用十字旋具卸下 3 颗固定螺钉，拆下杂物箱

20 把多功能盒子连接线插头接上

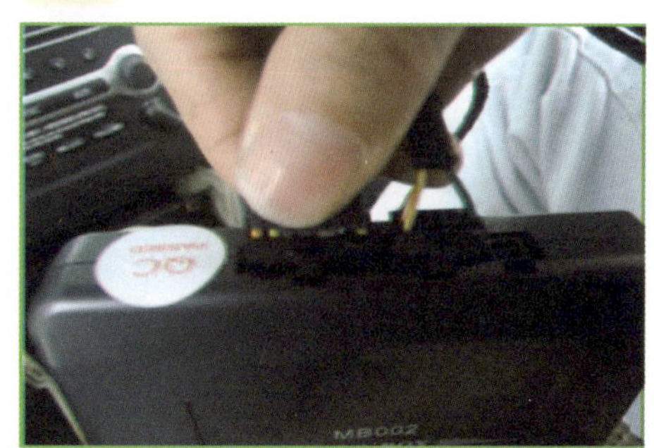

21 分别把改装音响主机的所有插头线插上

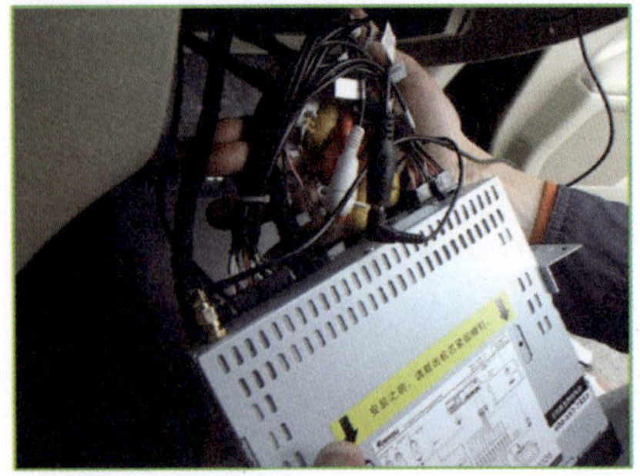

22 将改装音响主机和多功能盒子安装在杂物箱内

23 安装完成

主机安装完成后测试音响所有功能，确保工作正常。

安装功率放大器

（二）音响喇叭安装施工流程

1 用十字旋具小心撬开门拉手饰板

2 用扳手拆下门板紧固螺钉

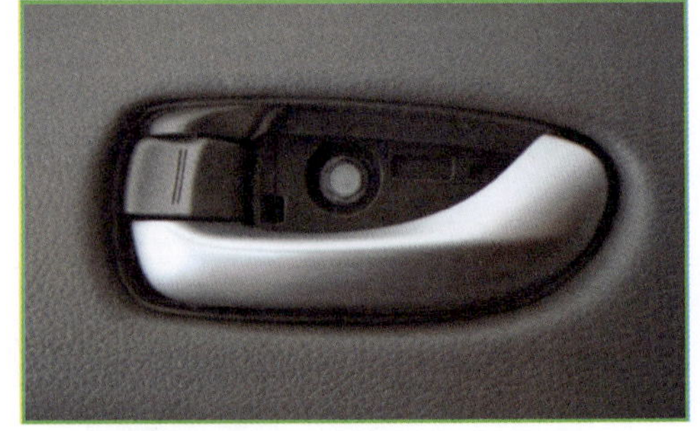

3 用十字旋具拆下门板中间位置的饰板，然后拆下紧固螺钉

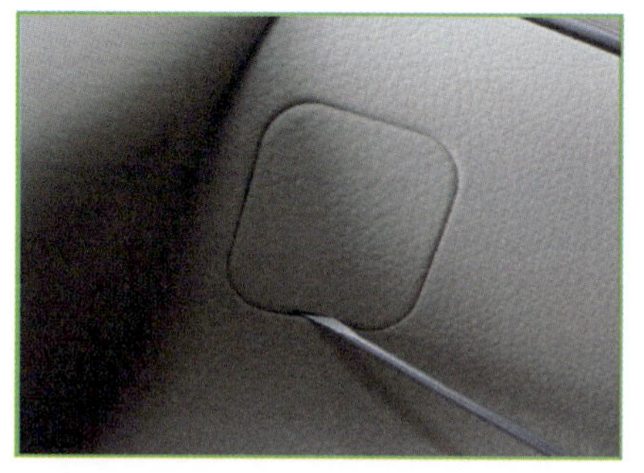

4 用十字旋具小心撬松门板并用手往外拉，然后取下门板

5 拆下原装喇叭

6 贴好隔音泡沫垫之后将线材接到改装喇叭上

7 在改装喇叭上面加装一个防水喇叭垫圈

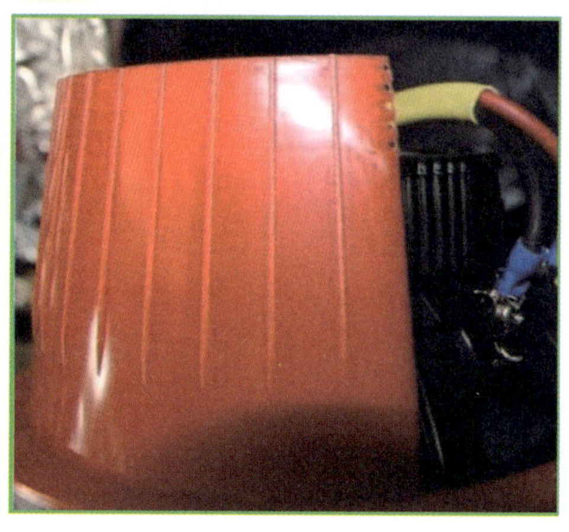

8 把喇叭安装到位并紧固螺钉，然后安装门板

改装喇叭

项目四十六 安装装饰性照明灯

一、安装装饰性照明灯常识

1. 装饰性照明灯的作用	（1）装饰爱车：目前市场上有许多装饰性车灯，外形各异，制造精美，给车辆增添极其强烈的个性。使车辆从不同角度观察时，产生不同的灯光效果。
	（2）提高照明质量：采用装饰性照明灯能够提高亮度，放宽视野，从而提高夜间行车的安全性。
2. 安装注意事项	（1）购买灯泡时要注意灯泡型号，如果型号不对，将无法安装，所以车主首先要对号安装。 （2）安装灯泡时，不要直接用手接触灯泡玻璃，以免人手本身分泌的油质沾在玻璃管上，留下指纹、油膜，导致灯泡点亮后受热不均，造成玻璃表面热胀不同而导致破碎。如果脏物沾在玻璃管上，应该用酒精将油污等擦净方可使用。
	（3）更换灯泡应在干燥的室内进行，避免在阴雨天室外换灯泡，并且注意灯罩防水衬套严密装回，避免水蒸气进入，影响灯泡的寿命。
	（4）与所有电器一样，更换灯泡前，先把电源关掉；灯泡刚熄灭时，千万不能接触，以免烫伤。
	（5）灯泡的玻璃部分非常薄，避免将废灯泡到处乱扔进而造成危险性的玻璃碎片四散。

二、安装装饰性照明灯施工流程

1 选择装饰性照明灯和工具

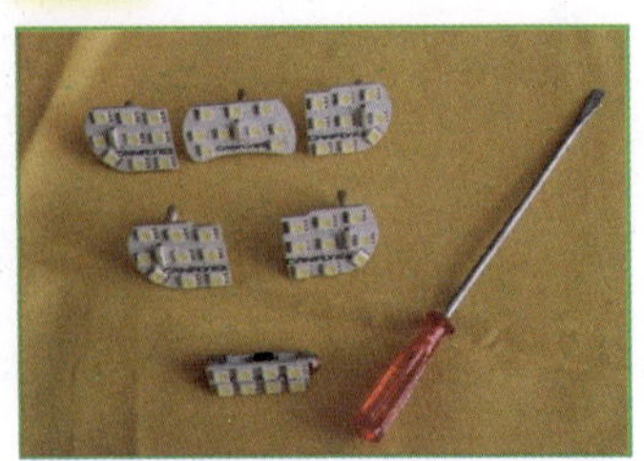

3 拆开灯罩外边的塑料片

4 取下灯罩

5 拆开灯罩

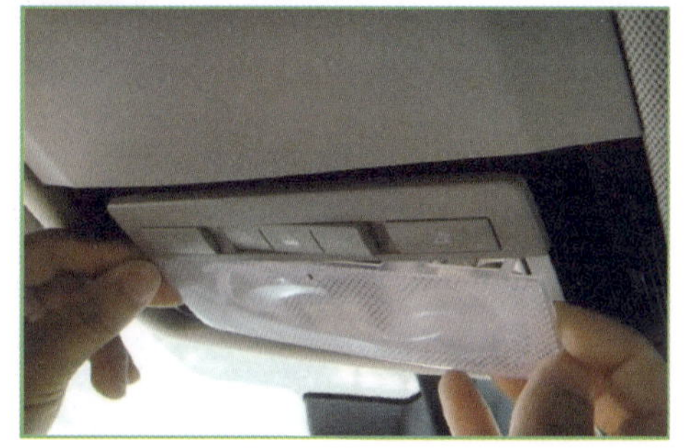

6 拔下原来的灯泡

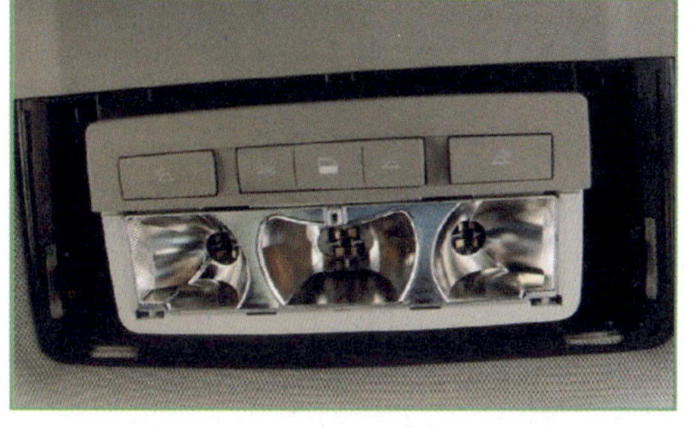

7 插入装饰的灯泡

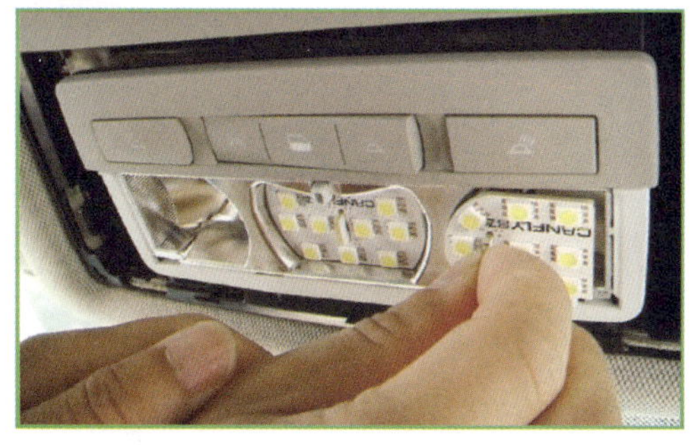

插入装饰的灯泡，一定要插到位。

8 检查装饰的灯泡

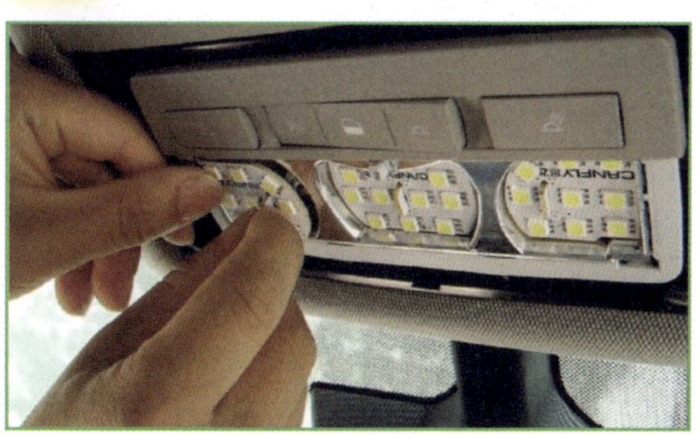

确保灯的外部轮廓和灯口一致。

9 安装完毕后应先试灯泡情况

打开灯光开关确保灯泡均正常。

10 安装灯罩

11 安装灯罩外边的塑料片

12 确保外边的塑料片安装到位

13 前排阅读灯安装完成后应检查效果

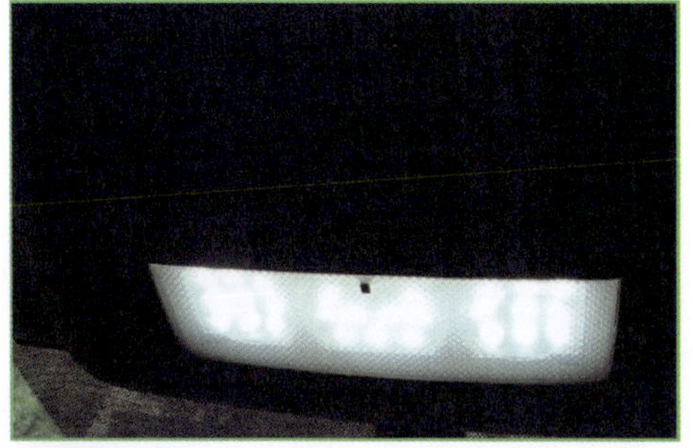

14 拆开后排阅读灯灯罩

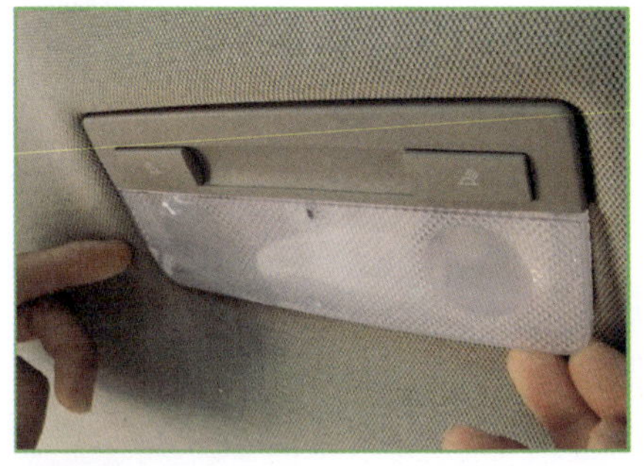

15 取下灯罩

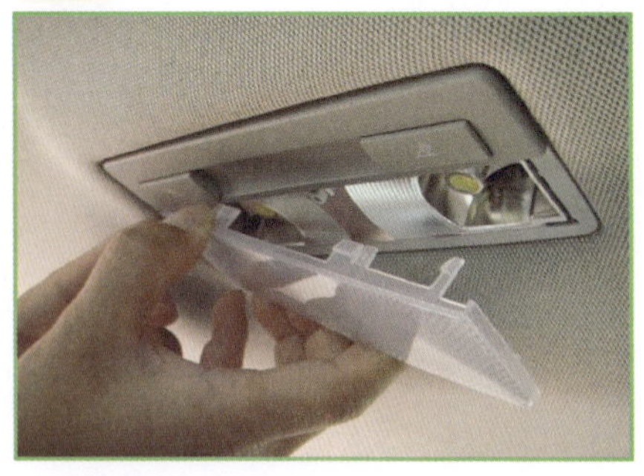

16 取下灯泡

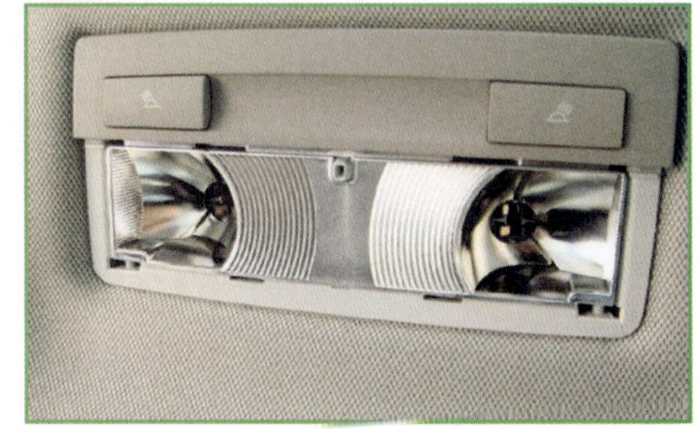

17 插入装饰的灯泡

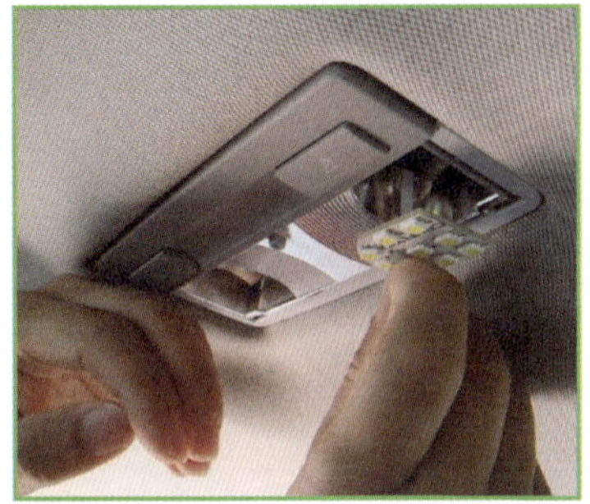

18 确保安装到位

19 安装完毕后应先试灯泡情况

打开灯光开关确保灯泡均正常。

20 安装后排阅读灯灯罩

21 拆开行李舱灯

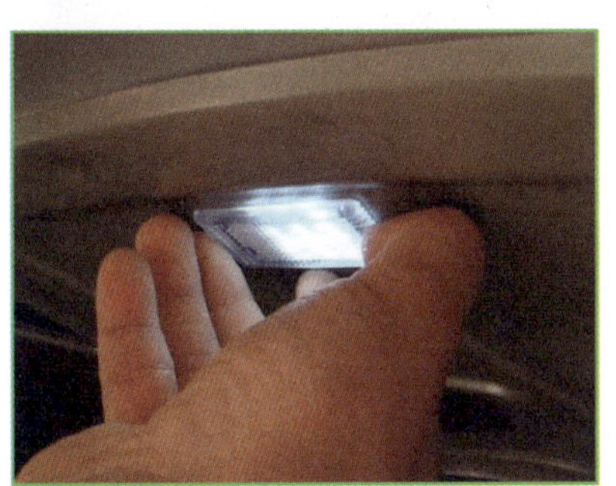

用手扣住灯罩右侧的凹槽即可拆开行李舱灯。

22 取下行李舱灯

23 拆开灯罩

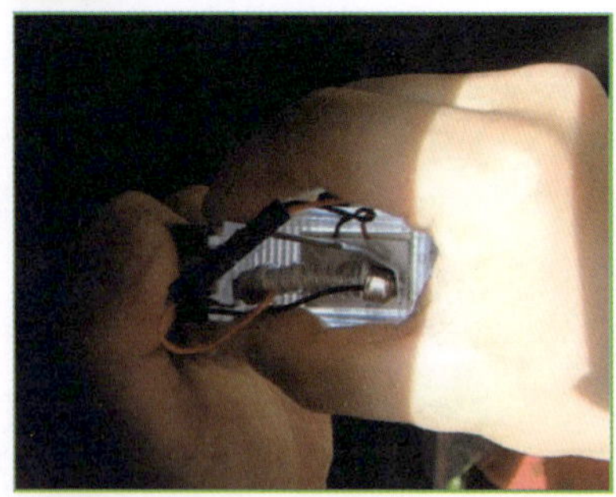

24 安装行李舱装饰灯

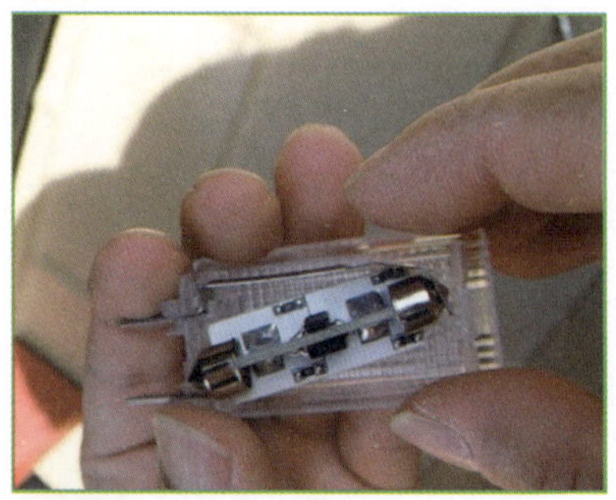

25 安装完毕后先试灯泡应正常

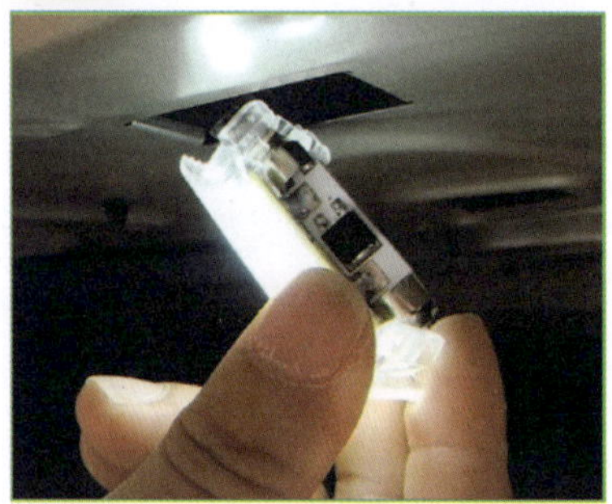

26 安装行李舱灯罩

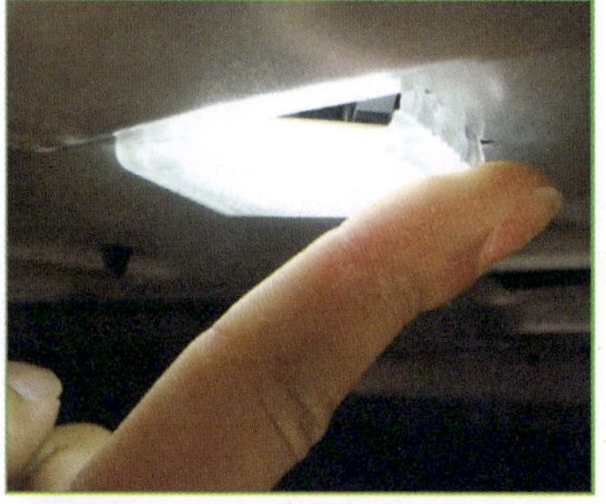

27 检查行李舱灯安装效果

28 安装完装饰性照明灯后的效果

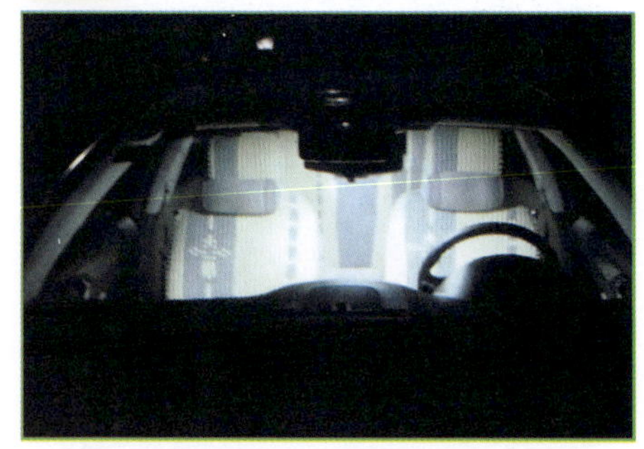

安装车门装饰性照明灯

项目四十七　安装全球卫星定位系统

一、安装全球卫星定位系统常识

1. 定义	全球卫星定位系统英文简称 GPS（Global Positioning System），利用 GPS 定位卫星，在全球范围内实时进行定位和导航。
2. 组成	全球卫星定位系统由三部分组成： （1）地面控制部分，由主控站（负责管理、协调整个地面控制系统的工作）、地面天线（在主控站的控制下，向卫星注入寻电文）、监测站（数据自动收集中心）和通信辅助系统（数据传输）组成。 （2）空间部分，由 24 颗卫星组成，分布在 6 个轨道平面上。 （3）用户装置部分，主要由 GPS 接收机和卫星天线组成。
3. 功能特点	全球卫星定位系统的功能包括定位追踪、历史轨迹回放、超速报警、越界报警、远程控制、里程统计、目标锁定跟踪、远程切断油路/电路、紧急报警、定时查询、档案管理、超时报警。
4. 产品选购的注意事项	（1）产品的稳定性：选择抗电磁干扰强、性能稳定的 GPS 产品。
	（2）运营商的实力：选择网络强大、可持续发展的运营商，以防止网络覆盖面积过小或因公司倒闭而不能得到可靠的后续服务。
	（3）产品的美观性：GPS 产品一般是隐蔽安装，但高端产品通常会附带车载电话（手柄），购买时还要考虑手柄是否时尚、造型是否美观、与前挡板和内饰色彩是否协调等因素。
	（4）安全的能量输送：GPS 产品的能量消耗较大，应设置 GPS 专用电源，防止因普通电源在较差的环境下电压不稳定，令电路烧坏。汽车连接线电流大，普通的连接线容易烧毁，连接线的质量要好才能保证可靠安全。
	（5）产品的价格：综合考虑产品及服务的价格。

二、安装全球卫星定位系统施工流程

1　拆卸变速杆处的盖板壳体，取下原车小杂物盒

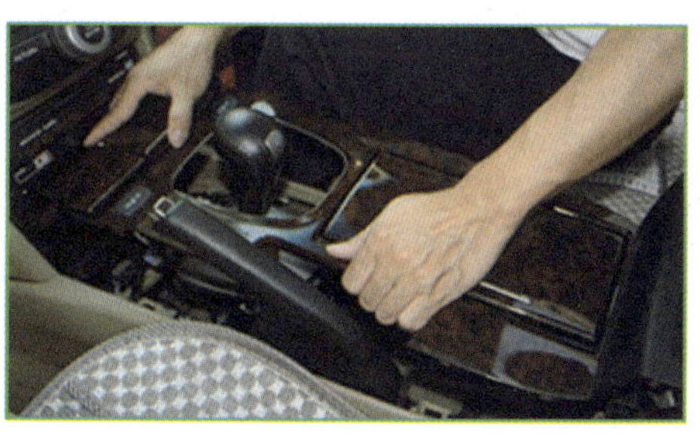

2　拆卸原车 CD 主机、原车显示屏后，开始布置 GPS 天线、小屏延长线、DVD 主机、主电源线等

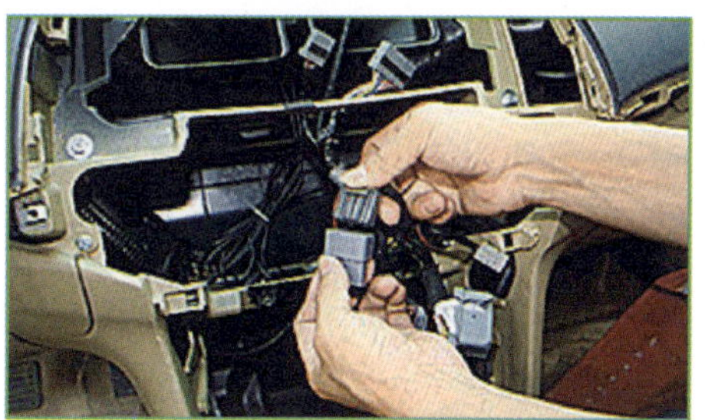

3 布好线束

4 在出风口上部的定位孔内安装显示器支架

5 用原车上的 2 颗螺钉紧固显示器支架，并用剪钳剪平 2 颗螺钉旁的原车定位柱

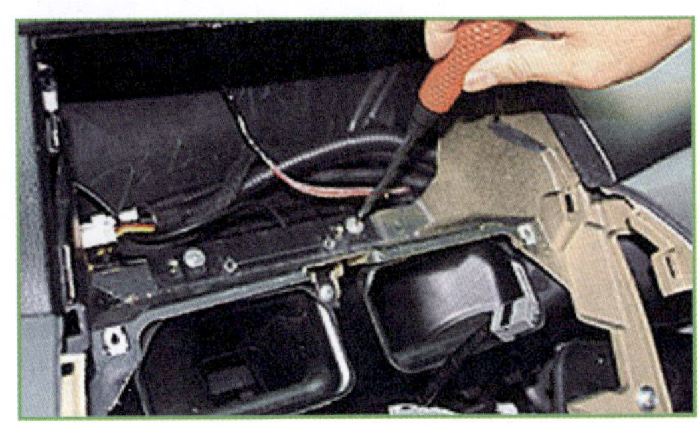

6 插好显示器主机线束

7 用原车螺钉和自攻螺钉固定显示器

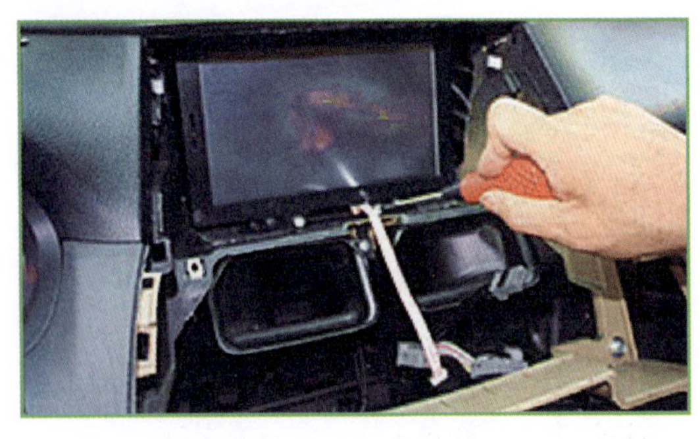

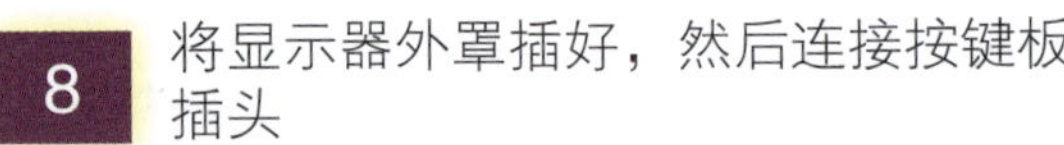

8 将显示器外罩插好，然后连接按键板插头

9 将显示器外罩固定，然后插入 GPS 的 SD 卡

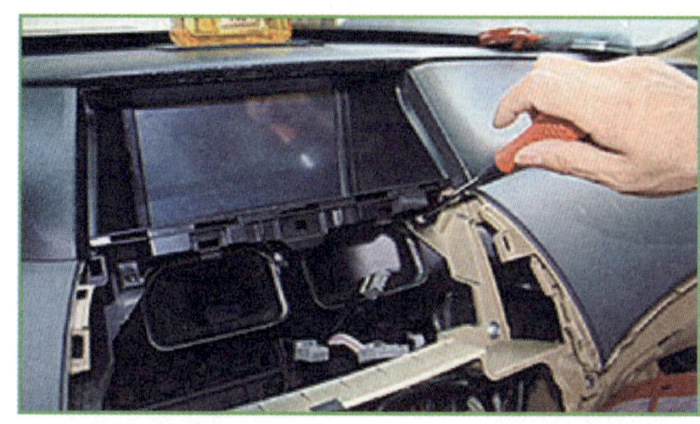

10 安装 DVD 主机固定支架

11 将线束连接好，然后装回原车 CD 主机

12 将原车 LED 显示屏安装在 DVD 主机面壳内，插好小显示屏延长线，再插好 DVD 主机

13 将 DVD 主机装进原车杂物盒内

14 安装 DVD 主机的固定支架后，将 DVD 主机推入原车杂物盒内

15 紧固 DVD 主机的 2 颗固定螺钉，插好点烟器转接端子，然后安装完所有饰板，并收拾干净

16 测试工作情况

参 考 文 献

[1] 向志渊，房莹 . 汽车美容装饰 [M]. 北京：国防工业出版社，2011.

[2] 吴兴敏，巴福兴 . 汽车车身修复与美容 [M]. 北京：机械工业出版社，2011.

[3] 钱岳明 . 汽车装潢与美容技术 [M]. 北京：人民交通出版社，2008.

[4] 陈安全，王鹤隆 . 汽车美容实用教程 [M]. 北京：机械工业出版社，2012.

[5] 许平 . 汽车钣金与美容 [M]. 北京：中国劳动社会保障出版社，2008.

[6] 夏怀成，许金花 . 汽车养护与美容 [M]. 北京：机械工业出版社，2011.

[7] 白长城 . 汽车美容 [M]. 北京：中国农业出版社，2004.